299.93 INI

Iniciaciones de luz
pleyadiana / Pleiadian In

DATE DUE

GAYLORD		PRINTED IN U.S.A.

Iniciaciones de luz pleyadianas

Christine Day

Iniciaciones de luz pleyadianas

El poder de la vibración personal

EDICIONES OBELISCO

Si este libro le ha interesado y desea que le mantengamos informado
de nuestras publicaciones, escríbanos indicándonos qué temas son de su interés
(Astrología, Autoayuda, Ciencias Ocultas, Artes Marciales, Naturismo,
Espiritualidad, Tradición...) y gustosamente le complaceremos.

Puede consultar nuestro catálogo de libros en www.edicionesobelisco.com

Colección Mensajeros del Universo
INICIACIONES DE LUZ PLEYADIANAS
Christine Day
1.ª edición: junio de 2011

Título original: *Pleiadian Initiations of Light*

Traducción: *Antonio Cutanda*
Corrección: *Cristina Viñas*
Diseño de cubierta: *Marta Ribón*
(sobre una imagen de Fotolia)

© 2010 Christine Day
(Reservados todos los derechos)
Original en lengua inglesa publicado por Career Press,
3 Tice Road, Franklin Lakes, NJ 07417, USA
© 2011, Ediciones Obleisco, S. L.
(Reservados los derechos para la presente edición)

Edita: Ediciones Obelisco S. L.
Pere IV, 78 (Edif. Pedro IV) 3.ª, planta 5.ª puerta
08005 Barcelona - España
Tel. 93 309 85 25 - Fax 93 309 85 23
E-mail: info@edicionesobelisco.com

Paracas, 59 C1275AFA Buenos Aires - Argentina
Tel. (541-14) 305 06 33 - Fax: (541-14) 304 78 20

ISBN: 978-84-9777-759-9
Depósito Legal: B-18.631-2011

Printed in Spain

Impreso en España en los talleres gráficos de Romanyà / Valls S. A.
Verdaguer, 1 - 08786 Capellades (Barcelona)

A mis cuatro nietas,
Cienna,
Bailee,
Sailor

y
Evie,
por toda la alegría y el amor
que traen a mi corazón

Agradecimientos

Quiero comenzar expresando mi más profundo agradecimiento, por su guía, su apoyo y su amistad, a mi agente literaria, Laurie Harper, que creyó en este libro desde su primera lectura, por su experiencia, su honestidad y su entrega a la visión de este libro. Y gracias a Briah Anson, por haber sido quien llamó la atención a Laurie sobre mi obra.

Por tantos años de amistad y por nuestra profunda conexión, le envío mi amor y mi agradecimiento a Michael Bradley, por todas las grabaciones realizadas a lo largo de los años, y por su entrega y su compromiso conmigo y con este trabajo.

Vayan i amor y mi gratitud a Lynne Bradley, por nuestra amistad, y por todo el amor, el apoyo que me has dado.

Quiero dar las gracias a mi sorprendente hija, Lisa Glynn, por su increíble amor y por su apoyo a lo largo de los años, y por el trabajo que ha realizado con los diagramas y los dibujos de este libro. Todo mi amor y todo mi respeto por ti y por tu viaje, mi querida niña.

Gracias, especialmente, a Efrén Solanas, por tu amistad, tu amor y tu estímulo a través de los años.

A mis queridos y valorados amigos, Jo Bray, Lorele Wederstrom, Ruth Palmer y Susan Arthur, por formar parte de mi familia y por vuestro apoyo, amor y auxilio a lo largo del camino.

Muchas gracias a los practicantes, profesores y a todos mis alumnos de Frecuencias de Brillo, por todo el amor y el apoyo que me han brindado a lo largo del viaje que ha supuesto la elaboración de este libro.

Y termino con mis más sentidas gracias al amor de mi vida, Alisa, que ha estado a mi lado a lo largo de todo este proceso, sin cuyo increíble apoyo este libro no habría sido posible. Por tu presencia en mi vida y en mi corazón, y por sustentar una energía que nos permite vivir «el cielo en la tierra» juntas en este planeta.

Prefacio

Sé bienvenido.
Te ofrezco este libro con un grandísimo amor.

Llevo de viaje con los pleyadianos desde hace veintidós años, tiempo en el cual he transitado desde la más oscura y profunda desesperación hasta un elevado estado de salud física y emocional; hasta un estado de comprensión y conocimiento de mi misión en la vida, y de una profunda conexión con la luz de mi Yo. Las iniciaciones de los pleyadianos (pronunciados «plea-aid' –ee-ans»)[1] han hecho posible esta transformación. Sin ellos, jamás habría podido dar los pasos necesarios para sobrevivir y alcanzar la madurez, y para llegar a este estado de increíble transformación.

A través de esta profunda iniciación pude abrirme a las conexiones curativas con Jesús y con la Virgen María, y a otros muchos maestros y seres de luz. Y es a través de ellos que mi transformación prosigue día a día.

En este libro se ofrecen las iniciaciones que te permitirán alcanzar una transformación similar. No serán idénticas a las mías, porque cada persona tiene su propia iniciación, y cada persona realiza un viaje único y singular de vuelta al Yo. Los pleyadianos me han pedido que exponga ante ti estas iniciaciones para que tú también puedas transformarte en tu propia luz. Están diseñadas para ayudarte a sintonizar de un modo más completo con tus energías y para despertarte a

---

1. He aquí un juego de palabras en inglés, donde *plea* es «súplica» y *aid* es «ayuda». *(N. del T.)*

tu propio Yo, para que puedas poner tu parte en el trabajo que permitirá anclar la luz en nuestro planeta. Se acercan muchos cambios en nuestro plano terrestre. Nuestro planeta está atravesando gigantescos cambios dimensionales, que le llevarán desde un planeta tridimensional a un planeta cuatridimensional o quintidimensional.

Permíteme que te explique lo que quiero decir cuando digo que nuestro planeta está en una *consciencia tridimensional en este momento*. En todo el planeta existe una potente creencia social en nuestras limitaciones y deficiencias, en nuestras *carencias*. Existe un *miedo* profundo, que genera un intenso forcejeo y un cansancio que han terminado impregnando a todas las sociedades. Si tú eres como la mayoría de las personas, no estás en contacto con tus capacidades, con tu capacidad natural e ilimitada para crear, y tampoco comprendes el aspecto divino del Yo. Vives en la ilusión de estar *solo y separado*, y no eres consciente de la belleza y la magnificencia de tu singularidad individual dentro del Universo. Y en la mayor parte del planeta, el *tiempo* es probablemente una de las mayores ilusiones; la ilusión de que existe el tiempo. *La creencia en el tiempo* limita nuestra realidad de un modo increíble. Así pues, éste es un breve esbozo de la consciencia tridimensional a la cual me refiero.

Consciencia cuatridimensional significa formar parte de algo más grande que nosotros mismos. Ninguno de nosotros está solo. Tú empiezas a ser consciente de las energías espirituales que hay a tu alrededor, y eres capaz de abrirte a la ayuda que esas energías tienen para ti. El miedo comienza a desvanecerse y deja de controlar tu experiencia de la realidad. Percibes una conexión con el corazón, y las direcciones intuitivas procedentes del Yo te llegan a través de esta conexión cordial. Tu corazón Sagrado comienza a trabajar contigo en tu vida cotidiana, haciéndote consciente de la verdadera fuerza vital que se mueve en todos los seres vivos y en toda la materia viviente. Comienzas a comprender y a experimentar tu lugar dentro de la Consciencia Universal, y comienzas a moverte en función de las directrices intuitivas del Yo. Hay una intensa sensación de propósito, y comienzas a apasionarte por la vida. Se da una clara sensación de libertad y una profunda experiencia de amor, y comienzas a nutrirte con el amor, abriéndote a todos los seres vivos.

La *consciencia quintidimensional* se mueve en un estado de amor incondicional, un estado de Unidad con toda la consciencia de la vida, disfrutando de la experiencia directa de ser uno con la Consciencia Universal y de una firme sintonía consciente con el amor puro de tu esencia de Dios. Recuerdas tu lugar dentro de esta Consciencia Universal, y comienzas a conectar con tu ilimitado potencial de creación. Despiertas a tus dones naturales creativos, rememorando plenamente tu derecho de nacimiento para manifestar la abundancia en todos los niveles de ti mismo, recuperando el poder de la manifestación plena. Recuerdas tu misión aquí, en este plano terrestre. No hay ningún miedo, solo la experiencia del amor.

Resulta excitante y poderoso para todo el mundo el paso desde un estado de consciencia tridimensional hasta un estado cuatridimensional o quintidimensional, y tú tienes un importante papel que jugar en esta transformación. Si no has tenido la experiencia de ser parte de la Consciencia Universal, de ser parte de la Unidad, este libro está diseñado para abrirte a esta conciencia y a una conexión directa con el Yo. También está diseñado para profundizar tu alineamiento y para llevarte a nuevos niveles de iniciación contigo mismo, que te alinearán de un modo más completo con experiencias directas de tu Yo Dios y con conexiones más profundas con él. Solo tienes que confiar en tus propias directrices y seguirlas. Los capítulos de este libro te van a llevar a través de un proceso gradual, paso a paso. Los pleyadianos mantendrán las plataformas energéticas para que tú te inicies en ellas, con lo cual entrarás en sintonía con la luz de tu Yo.

Quizás te preguntes qué son las plataformas. Las plataformas son algo así como hologramas energéticos: puros en forma y completos en sí mismos. Y los pleyadianos mantendrán una plataforma energética para cada uno de vosotros a medida que avancéis en este libro. Al igual que un espejo, la plataforma se sustenta para que puedas moverte en ella y sintonizar con la forma más plena de tu Yo. Se mantiene firme para que puedas moverte y ajustarte a la vibración de ti mismo, fluyendo en tu propia iniciación. Éste es el compromiso de los pleyadianos: sustentar a cada una de las personas que dan su consentimiento para esta ayuda; y ésta no se activará a menos que tú des tu consentimiento. Los pleyadianos nos respetan a todos y cada uno de nosotros, y respetan nuestro derecho a decidir. Se nos permite decir sí en un momento y no un instante después, de modo que puedes cambiar de opinión en cualquier momento.

A medida que te adentres y te inicies en este despertar podrás ir tomando tu lugar en la vida de un modo más completo. Con el nacimiento del Yo serás capaz de llevar a cabo el trabajo para el cual viniste aquí, a este planeta, en este preciso momento.

El hecho de despertarnos nos lleva a un estado de consciencia diferente. En realidad, hasta nuestras células vibran de un modo diferente. Es una frecuencia de amor, que fluye de forma natural mientras nos movemos por el mundo. Afecta a toda la gente que nos rodea, así como a todos los seres vivos.

Hay personas a las que les da miedo consentir estos cambios, porque no saben lo que les van a suponer. ¿De qué forma cambiarán las cosas? Pero conviene que comprendas que tu libre albedrío no se ve afectado, se mantiene intacto, y que no vas a tener que hacer nada que no sientas que debes o quieres hacer. Puede ser que simplemente quieras vivir y transmitir esa vibración de amor por todo el planeta, allá donde vayas. ¡Con eso basta, no tienes por qué hacer más!

Aquí en el plano terrestre, muchos de nosotros tendremos que jugar algún papel a la hora de mantener los espacios y los alineamientos energéticos durante los tiempos que se avecinan, con el fin de que pueda tener lugar la transformación del plano terrestre. Va a haber una resurrección de nuestro planeta, un nuevo nivel de amor se va a anclar aquí, en el plano terrestre. Y este cambio va a abrir el corazón de la gente, activando un proceso de toma de conciencia personal que llevará a todo el mundo a una nueva conexión con la Consciencia Universal y con su propio aspecto divino de la Unidad. Debido a estos cambios inminentes, conviene que vayas siendo más consciente de la parte que juegas aquí y ahora, y que tomes conciencia de las conexiones que tienes con tu Yo. Conviene que conectes de un modo más consciente con las energías espirituales que existen ya, aquí, para ayudarte, a medida que te alineas progresivamente con tu propia luz. Esta conexión consciente de la que hablo es importante, porque eres tú quien decide en qué momento alinearte; tú decides el momento en que das cada paso.

Cuando hablo de energías espirituales me refiero a los seres de Luz: los Ángeles y los Maestros de la Luz, que están aquí, con nosotros. Ellos se han comprometido a ayudarnos en nuestros esfuerzos por desarrollarnos y por abrirnos. Y, claro está, tú también tienes a los pleyadianos a tu lado para ayudarte.

Los pleyadianos me han pedido que escriba este libro para ayudarte a encontrar tu camino de vuelta a tu Yo, para resucitar tu Yo en sintonía con tu luz, de tal modo que tú también puedas ser tu propia sanadora o sanador y tu propio conducto en este plano terrestre. A medida que aumente tu conciencia de la presencia de los pleyadianos, de las esferas espirituales y de las fuerzas naturales más capaz serás de utilizar todos los dones y la ayuda que hay aquí, para ti, en el viaje de tu nacimiento. Los pleyadianos mantendrán un espacio de amor incondicional para ti a medida que te muevas hacia esta transición, y nos ayudarán a todos y cada uno de aquellos que pidamos su ayuda. Cuando se les llama, ellos asumen su compromiso de ayudarte para que te realinees con el recuerdo de quién eres realmente en tu ilimitado estado de Yo.

Cuando te abras a tu Yo serás capaz de hacer tu parte de un modo más pleno y consciente en esta transición de la Tierra, y lo serás por el mero hecho de que dispondrás de una mayor conciencia de las energías que te rodean. El planeta necesita que haya cada día más personas en este estado de conexión consciente con el Espíritu, despertando a la luz de sí mismas y anclando conscientemente su luz en el planeta. En la medida en que tomes tu lugar, podrás jugar una parte activa a la hora de ayudar a anclar todas las energías de luz en el planeta. Y, en la medida en que participes en esto, acelerarás tu propio proceso de autorrealización, expandiendo tu corazón Sagrado, profundizando tu conexión con el Yo. Una acción da lugar a otra, construyendo tu esencia de amor y tu conexión con tu lugar dentro de la Consciencia Universal.

Has estado esperando, deseando sentirte profundamente satisfecho en tu interior, estar más y más en sintonía con el Yo. En lo más profundo de ti sabes desde hace tiempo que estás aquí para hacer algo importante, aunque no sepas de qué se trata. En este momento no necesitas conocer los detalles ni los pasos que tienes que dar para asumir ese papel. Lo único que tienes que hacer es respirar profundamente y abrirte a los procesos de este libro. Cada proceso te llevará a un viaje, y cada viaje te aportará una mayor claridad. Simplemente, sucederá. Paso a paso, momento a momento, con cada aliento.

Yo estaré contigo con cada paso que des en esta iniciación de tu luz. No estarás solo o sola en este viaje. Estarás en comunión con otras personas que están siguiendo un sendero similar, y juntas os alinearéis. Muchas son las personas que han sido llamadas, y muchas son las que han despertado ya y se han abierto a su misión y al trabajo que han venido a hacer aquí.

Has sido tú quien ha elegido estar aquí, en el plano terrestre, en este momento, y es un gran privilegio que estés aquí ahora. Tus singulares energías son necesarias para sustentar al planeta antes, durante y después de la transición. Sé que te resultará difícil imaginarte o verte a ti mismo de esta manera, pero *tú* eres una persona *única*. *Solo existe una persona como tú*. Tu energía, única, es importante, y eres necesario en estos tiempos. Ha llegado el momento de que te alinees con personas como tú, de que forméis comunidades y de que trabajéis juntos, apoyándoos unos a otros en vuestras transiciones a los Yoes de luz. Haciendo esto sustentaréis la energía aquí en el planeta.

Es importante formar parte de una comunidad, comunidad que puede estar compuesta por dos o más personas comprometidas en sus respectivos viajes hacia el despertar: personas que están deseando presenciar el nacimiento en cada uno de las demás, dejando que cada uno sea lo que necesita ser en cada momento, contemplando cómo nos desprendemos de las viejas estructuras del Yo y sustentamos el nacimiento del nuevo Yo despierto.

A medida que profundices en tu nivel de despertar conectarás con otras muchas personas que están aquí para apoyarte, a las cuales tú, a tu vez, apoyarás también. Es así como se reúnen las *familias de alma*, congregándose en despertares mutuos.

Tú estás preparado para esto: no hay nada que esperar. Ha llegado tu momento.

Celebramos todo cuanto eres. No existe otra persona como tú dentro del Todo Universal, y tu singularidad es necesaria para completar ese todo. Al igual que en un rompecabezas, tú tienes una pieza única, sin la cual no se puede completar el puzle, dentro del esquema de las cosas de esta evolución espiritual que está teniendo lugar en el planeta, y tú eres necesario en tu forma más plena. Se te ha dado un período de gracia para que te aproximes y te reveles en la iniciación de tu propia luz. Nunca ha habido una oportunidad como la actual para alinearse con el Yo con tanta rapidez.

¿Quién eres? ¿Qué eres? ¿Qué estás haciendo aquí, en el plano terrestre, en este momento concreto? ¿Cuál es el propósito de tu viaje hasta aquí? Encontrarás tus respuestas a medida que atravieses los procesos de este libro. Puedes abrirte a una experiencia directa de comunicación con los pleyadianos (si así lo decides) y a las esferas espirituales. Contiene una serie de iniciaciones que te irán alineando con el Yo, abriéndote para que recibas el conocimiento y la verdad de los pasos que tienes que dar en tu viaje. Poco a poco, serás capaz de encontrar las respuestas del Yo, en un proceso gradual, paso a paso. Podrás recobrar tu poder en esta vida y ser co-creador de tu mundo. Éste es tu *derecho divino*.

Tienes que estar abierto para poder recibir. De otro modo, te sabotearás a ti mismo constantemente, al no dejarte recibir la abundancia y la sanación que forman parte de tu derecho de nacimiento. Vas a tener que permitir que tu corazón diga conscientemente *sí*, que se permita abrirse, para luego pasar a través de las puertas que se habrán abierto. No lo dudes, simplemente, ten confianza, respira y déjate llevar. ¡Atraviesa esas puertas abiertas!

El instinto natural de cualquier ser humano cuando siente miedo es el de contraerse, encerrarse y aislarse de sus sentidos, cerrarse a los sentimientos y quedarse inmóvil. Pero la mejor manera de vencer el miedo consiste en lanzarse hacia delante. Y, cuando lo haces, el miedo se disuelve. El miedo no es más que un sentimiento; no te puede hacer daño. No tengas miedo de tus sentimientos. Siente y no dejes de caminar hacia delante.

Eres la única persona que puede impedirte alcanzar estas metas. Dispones de una ayuda ilimitada, y *no estás solo*. La ayuda espiritual está contigo, y los pleyadianos te apoyarán si tú les permites que te ayuden. Cuando comiences a abrirte y pidas ayuda, ahí estarán.

Como me ha dicho muchas veces el Espíritu, en muchos momentos a lo largo de mi viaje: «¿Para qué quieres un grano de arena, cuando puedes tener toda la playa?». ¡Es un derecho divino tuyo el disfrutar de la abundancia! Lo que se te pide es que seas muy concreto en lo que necesitas; cuanto más concretos sean los detalles de lo que necesitas, mejor. Entonces, lo que necesitas se podrá crear del modo exacto en que precisas que sea.

A lo largo de todo el libro haremos ejercicios para levantar las barreras del corazón, a fin de que puedas recibir del Universo, y recibir aspectos de tu propia luz, aspectos de tu Yo. Cuando hablo de «la luz del Yo» me estoy refiriendo al aspecto superior de la luz en ti. Esto te ayudará a evolucionar y te despertará a tu verdadero sendero. Pero es a través del corazón como te conectas y alineas con este amoroso aspecto de luz de tu Yo. A medida que te vayas alineando más y más con tu corazón en las iniciaciones, comenzarás a alinearte con la verdadera energía cordial del amor, y será este amor el que activará el proceso de autocuración. Tu corazón realizará su propia transformación con todo ello, y se dará luz a sí mismo en la energía del corazón Sagrado.

La verdad es que tú eres tu propio sanador, y solo tú puedes alinearte con ese aspecto amoroso y luminoso de tu Yo. Nadie más puede hacerlo por ti. Te abrirás y te conectarás con el amor que está presente en todo el Universo: el amor incondicional de la Consciencia Universal. Tú formas parte de esto.

En tu corazón hay heridas que necesitan ser sanadas. Pero algunas de esas heridas están contigo desde hace vidas, y convendrá sanarlas ya para que puedas seguir adelante en tu vida. Las heridas abiertas te mantienen separado del amor que, por derecho natural, deberías experimentar en esta vida. La apertura de tu corazón con este nuevo aspecto del amor generará una novedosa sensación curativa de bienestar en tu interior; generará una novedosa sensación de Yo, en tanto en cuanto te vas a sentir y a experimentar de un modo diferente; no aparte ni separado del resto del Universo, sino *conectado*, como parte de algo muy hermoso e íntegro.

Yo trabajo directamente con los pleyadianos y con las esferas espirituales, manteniendo esta plataforma para aquellas personas que hacen el viaje de regreso al Yo. Trabajo con muchos aspectos de mi yo multidimensional, lo cual me permite trabajar con muchas personas a la vez sin ningún esfuerzo. Esto se debe a mi ilimitada fuente de energía, motivo por el cual no me agoto. Y debes saber que mantendré esta plataforma para ti también cuando emprendas el viaje.

Sé paciente contigo mismo cuando emprendas ese viaje. A medida que avances en este libro te irás alineando cada vez más con el *Yo*. Te alinearás con las fuerzas espirituales, con los pleyadianos y con las fuerzas naturales. Estos alineamientos te ayudarán a desarrollarte en tu Yo, y te acelerarán hasta una nueva conciencia de vida y de verdad.

Cada paso que vas a dar con este libro te ofrece un potencial ilimitado, que te permitirá transformarte y nacer en tus energías. A medida que comiences la expansión, podrás recurrir y trabajar con energías cada vez más expandidas. Y cada vez que leas las secciones de este libro te parecerán diferentes a lo que te parecieron en el viaje anterior. Tienen un potencial ilimitado, que puedes extraer y con el que puedes conectar en cada viaje.

Sabrás lo mucho que se te ama y se te sustenta a medida que avances en el camino hacia el conocimiento y la celebración de ti mismo. Entonces, recordarás y comprenderás la verdad. ¡Así sea!

Con todo mi amor, recibe mis bendiciones.

CHRISTINE DAY

Introducción

Son muchas las personas que sienten que les falta algo en la vida; y, de hecho, les falta algo. Lo que se echa de menos es la conexión con la Consciencia Universal, el aspecto amoroso de la unión, el sentido de pertenencia a todos los seres vivos que sustentan esta consciencia. Tú eres parte importante de esto. Sin ti, y sin el don de todo cuanto eres, el Universo estaría incompleto. Aunque esto es algo que a la mente egoica le cuesta entender, tu corazón no tiene ningún problema para comprender esta verdad.

Va siendo hora de que comiences a celebrar tu singularidad, y de que lo hagas conscientemente, en tu corazón y en el mundo. Celebra el hecho de que eres un regalo para el mundo.

Conforme pases por cada iniciación comenzarás a atisbar tu nueva relación con el Espíritu y con tu Yo. Hay una parte de tu corazón que te conectará con el latido universal, a medida que tu corazón comience a transformarse. Tu vida se alineará poco a poco con este pulso; tus células comenzarán a vibrar de un modo diferente, y te descubrirás con una novedosa sensación de vitalidad en tu cuerpo merced a esta conexión. Con esta nueva vibración te alinearás de forma automática con toda la vida, y experimentarás cierta sensación de Unidad con todos los seres. Tu vida se transformará a medida que cambie tu vibración. Atraerás hacia ti nuevas experiencias de abundancia, recuperarás tu poder y te abrirás a tu derecho natural a la abundancia en todos los niveles.

Tú no estás solo con tus preguntas, no estás solo con tu dolor y no estás solo con tus experiencias. Todos tenemos nuestras historias y, a través de ellas, tenemos la oportunidad de volver a nacer en la totalidad. Tu historia puede ayudarte a dar los primeros pasos en tu viaje, pero se precisa de tiempo para desprenderse de la propia historia. No podrás acceder a una verdadera sanación en tanto no estés dispuesto a desprenderte de tu historia. Con ello, pasarás a un nuevo nivel de sanación, dejarás de ser una víctima, y asumirás tu parte de responsabilidad en la experiencia que tuviste. Esto nos permite volver plenamente a nosotros mismos, a fin de que pueda darse una verdadera curación. Llega un momento en que la historia que hemos vivido no nos ayuda nada para seguir avanzando. Uno ha aprendido todo lo que podía aprender de ella, y termina comprendiendo que no tiene por qué seguir aferrándose a eso. No tienes por qué aferrarte al dolor, a la pena, a la culpabilidad, a la cólera o a las cargas que conlleva esa historia. Es como si la historia se hubiera convertido en una cáscara vacía, en algo que ya no necesitas llevar contigo a todas partes. Es aquello con lo que te has identificado hasta este momento, pero ahora sabes que tú eres mucho, mucho más que tu historia. En ese momento de despertar das un gigantesco salto hacia delante, hacia el Yo.

El momento en el que llegas a esta verdad puede ser un momento excitante y atemorizador, y hace falta tener mucho coraje para desprenderse de la historia y seguir adelante, hacia el Yo, hacia una nueva vida y una nueva forma de vivir. A través de estas iniciaciones podrás atravesar el dolor y abrirte a la verdad del momento, la verdad del Yo en este momento, y serás capaz de dejarte llevar. Despréndete de la limitada historia tridimensional que te has creído que eras, que te limitaba, y que te mantenía dentro de un círculo vicioso de autosabotaje.

Todos nos hemos aferrado a un concepto de nosotros mismos durante mucho tiempo, pero la libertad se encuentra más allá de esta ilusión. La verdadera libertad se halla dentro, de modo que ábrete a la pasión que se halla en tu interior, esa pasión que puede curarte y liberarte de tu pasado. El proceso de autosanación es amor, paciencia y compasión por nosotros mismos. Se trata de una poderosa autosanación.

En mi proceso de nacimiento, he tenido el enorme privilegio de haber sido asistida por Jesús. Él ha venido hasta mí en muchas ocasiones como un gran maestro y un querido amigo. En una de mis primeras experiencias con Él, me preguntó: «¿Cuándo te vas a bajar de la cruz? Has venido aquí para resucitarte. Nadie más puede hacer esto por ti». En aquel momento, me di cuenta de que me había condenado a mí misma por muchas de las cosas que había hecho en mi vida, y de que mi culpabilidad era abrumadora. Me había estado persiguiendo a mí misma una y otra vez. Con el amor y con las enseñanzas de Jesús, y comprendiendo lo que es el amor, pude perdonarme a mí misma y pude curarme. Jesús me demostró que yo soy la única que puedo resucitarme y bajarme de la cruz. Yo me había puesto en la cruz y yo tenía que bajarme de ella. Me resucité a mí misma lentamente, en muchos y diferentes niveles, paso a paso. Es un viaje muy profundo, pero vale la pena, y actualmente sigo haciendo este viaje, recordándome siempre a mí misma que lo importante es el viaje, no el destino. Jesús es mi actual maestro, que me ayuda a abrirme a una mayor compasión, amor y paciencia conmigo misma. La reveladora energía del amor forma parte ahora de la plataforma que yo sustento para muchas personas en el mundo. Yo sustento esta energía para cada uno de vosotros, en tanto vosotros atravesáis estas iniciaciones.

Tú mereces recibir amor y mereces amar.
No puedes esperar que nadie te ame en tanto no estés dispuesto a abrirte al amor y a la compasión por ti mismo.
Tú mereces disfrutar de la abundancia.

Lo más importante que deben comprender todos los seres humanos es que es imposible ser perfecto. En la vida vamos a cometer muchos errores. Pero nos saboteamos a nosotros mismos cuando nos marcamos la exigencia de ser perfectos. Como seres humanos que somos, somos «perfectamente imperfectos». Es a través de nuestros errores como aprendemos. Lo verdaderamente importante es la intención que hay tras toda acción. Y es con esta intención y con un corazón abierto como podrás avanzar y vivir conscientemente. Susténtate a ti mismo con compasión y paciencia por los errores que cometas, y perdónate a ti mismo a lo largo del día.

Cuando te comprometes a iniciar el viaje de vuelta al Yo, te capacitas para asistir a otras personas en sus viajes. Es lo que yo llamo la «Economía Divina» del Universo. Y las cosas se han hecho de esta manera para que cada uno de nosotros pueda utilizar plenamente la energía que está cambiando aquí, en este planeta tridimensional. Esta energía se transforma a medida que las personas comienzan a recuperar su poder, a conectar con la luz y a abrirse a la abundancia y la creatividad ilimitada que todos y cada uno de nosotros tenemos.

Estos cambios generan una enorme onda de energía lumínica que disipa las ilusiones aquí, en nuestro planeta: las ilusiones de la carencia de abundancia, del forcejeo y del miedo. Y, a medida que las ilusiones de la tercera dimensión comienzan a disiparse, el viaje de regreso al Yo se acelera. Es como si el mundo pudiera utilizar esa energía que hemos creado para la transformación en temas clave, rompiendo los moldes que se han perpetuado en este plano terrestre durante vidas. Cada vez que decidimos hacer las cosas de un modo diferente, y no dejamos que el miedo del ego nos detenga, ayudamos a los demás a atravesar la ilusión del miedo, y ello debido a que el molde del miedo se desvanece. Con ello, disponemos de un mayor potencial para abrirnos paso a una nueva libertad y una nueva manera de vivir.

¿Cómo inicias el viaje de autosanación, viviendo conscientemente de esta manera?

En primer lugar, tienes que querer cambiar conscientemente, y tienes que estar dispuesto a participar en los cambios que van a tener lugar en tu interior. Tú te abres a la intención de vivir de un modo consciente, lo cual significa que no te vas a dejar llevar por la complacencia. No debes conformarte con la mediocridad, sino dirigirte de forma consciente y deliberada hacia tu pasión, hacia aquello que te hace sentirte vivo, hacia tu propio anteproyecto para esta vida.

Debes estar abierto, y ser consciente de los seres de luz y de los seres de las esferas angélicas que están aquí para ayudarte. Gracias a que dispones de libre albedrío, debes abrirte y *decir que sí* a estas conexiones. Debes invitar al Espíritu a que esté contigo; invita a los seres de estos reinos a que te ayuden ahora.

Los pleyadianos y los seres de las esferas espirituales me han guiado paso a paso durante los últimos veintidós años. Yo puedo confiar en cada experiencia que me llega, y la asumo, sea lo que sea lo que traiga consigo, desde una consciencia totalmente nueva. Esta manera de funcionar y de entender las cosas me llegó a través de una serie de experiencias e iniciaciones de los pleyadianos y de las diferentes fuerzas espirituales, que me llevaron a conectar con aspectos de mi propio Yo de luz. Todo esto me alineó con la verdad universal, y me llevó a comprender en profundidad mi viaje en este plano terrestre durante esta vida, y a una valoración profunda de las muchas experiencias difíciles que elegí experimentar aquí, en este mundo, desde mi nacimiento.

Mi experiencia personal trabajando con los pleyadianos es que estos respetan en todo momento tu espacio personal, y que nunca vienen si no se les invita. Éste es su compromiso debido a que éste es tu viaje. Ellos vienen como maestros, abriendo ante ti el conocimiento y la verdad con el fin de ayudarte a dar pasos, siempre y cuando estés preparado para avanzar. Ellos van a ser un reflejo de tu compromiso contigo mismo; en la medida en que tú te pongas de manifiesto, ellos se pondrán de manifiesto, y en todo momento mantendrán un espacio continuo para ti en el que puedas darte a luz. Su amor es inalterable, y su presencia es firme y auténtica.

▲

Has de saber que no estás solo;
has de saber que tú eres un aspecto importante de la divina totalidad;
has de saber que tu luz es esencial dentro de este Universo;
has de saber que se te ama inmensamente,
y que se te mantiene siempre dentro de la luz.

▼

Sin su amor y su presencia constante en mi vida, yo no habría sido capaz de orientarme en este viaje curativo que he vivido, llevándome a mí misma desde un estado de oscura desesperación hasta el punto de sentirme curada y realizada en mi vida.

Hay muchas personas despertando en estos tiempos, y todos juntos podréis formar potentes *grupos anímicos*. Estos grupos anímicos o familias de alma que se están formando son grupos de personas que acordaron previamente venir juntas a esta vida, para trabajar juntas energéticamente, para apoyarse unas a otras en sus transformaciones personales, y para verse nacer unas a otras. Os iréis encontrando unos a otros, y conectaréis fuertemente en vuestros viajes. Esto es algo que viene predestinado. Yo sustentaré una plataforma de apoyo para todos aquellos que decidáis moveros con las energías de este libro.

Mi historia

Creo que es conveniente que comparta contigo algunas de las experiencias de mi vida, así como los puntos de inflexión en los que me encontré en diferentes momentos de mi viaje. Todos tenemos estos puntos de inflexión. Yo he tenido muchos.

Aunque me resulta extremadamente difícil volver atrás y recordar mi infancia, con su soledad, su dolor y sus forcejeos, creo que será conveniente compartir algo de ella contigo en este libro. Si mi experiencia puede ser de ayuda para alguien, entonces habrá valido la pena.

Espero que mi viaje te inspire cuando lo necesites. En este aspecto, confío en la guía del Espíritu y siempre estaré agradecida por todo lo que he pasado, por cada experiencia vivida, por dolorosa que haya sido. No me gusta nada volver atrás y volver a vivir todo eso, pero es lo que me ha traído hasta aquí, hasta ser lo que soy en este momento, lo que me ha llevado a esta maravillosa y profunda conexión con mi aspecto divino, a un recuerdo consciente de todo cuanto soy y a comprender cuál es mi lugar y mi papel dentro de la Consciencia Universal.

Permíteme que comience la historia en aquel momento de mi vida en el que me diagnosticaron un lupus sistémico y me dijeron que me quedaban pocos meses de vida. Yo tenía 31 años. Cuando escuché aquello, me sentí quizás más aliviada que impactada. Me daba cuenta de que, en lo más profundo de mí misma, quería morir; estaba deseando la muerte desde hacía mucho, mucho tiempo.

Lo siguiente que pensé fue (y ahora, mirándolo retrospectivamente, sé que fue un pensamiento inspirado) que yo había creado algo para matarme a mí misma. Una corriente nerviosa me atravesó al darme cuenta de aquello. Jamás habría creído que fuera capaz de crear algo.

Mi vida había sido una muerte en vida hasta aquel momento. Yo solía mirar el reloj y calcular cuántas horas me quedaban por vivir aquel día. No me creía capaz de conseguir nada, ni tenía ningún pensamiento original, ninguna idea creativa propia. ¡Ése fue el motivo por el cual me sentí tan excitada ante la idea de haber sido capaz de crear aquella enfermedad!

Y lo siguiente que me vino a la cabeza fue también un pensamiento inspirado: «¡Si yo he creado algo para matarme a mí misma, también puedo crear algo para curarme a mí misma!» En aquel momento me di cuenta de que todo el dolor y todos los traumas de mi infancia se habían quedado encerrados de alguna manera dentro de mí, y tenía que encontrar la manera de dejarlos salir. Indudablemente, necesitaba ayuda.

Sabía que, si quería seguir viviendo, tendría que encontrar una manera de hacerlo todo de un modo diferente. Yo no sabía lo que significaba aquello, pero me fui del hospital aquel día dejando atrás a los médicos y sus medicinas. Viéndolo retrospectivamente, me doy cuenta ahora de que fue aquél el día en que recuperé mi poder. Cuando me alejaba de los médicos y de las expectativas de que ellos pudieran curarme, estaba volviendo hacia mí misma, sabiendo que tenía que hacer algo para curarme. ¡Yo era la responsable de mi propia curación! Aquélla era mi curación. Yo no lo sabía en aquel momento; lo único que sabía era que tendría que hacer las cosas de un modo diferente. No estaba segura de por dónde tenía que empezar. No tenía ninguna conexión con iglesia ni con sendero espiritual alguno. Solo me tenía a mí misma. Conocía mi pasado, y comprendía (quizás porque me lo habían inspirado) el dolor que aún albergaba en mi interior. Así comenzó todo, y así comencé con la terapia. Empecé con terapia corporal, e inicié un programa de nutrición a base de hierbas naturales. Y decidí ponerme a meditar a diario. No tenía ni idea de cómo meditar, de modo que simplemente me sentaba en silencio conmigo misma. Aquellas fueron las primeras medidas que decidí tomar; las tomé a ciegas, ¡pero funcionaron!

Empecé a recuperar la salud con rapidez, pero entonces empecé a bregar con el profundo dolor de mi infancia. Me paralizaba emocionalmente, y me resultaba muy difícil encontrar mi camino en medio de un dolor y un miedo tan intensos. Me llevó de vuelta a un lugar muy oscuro de mi interior: mi infancia. Mis recuerdos eran casi inexistentes, pero la sensación del dolor emocional era intensa, y me ahogaba en la vida. Me di cuenta de que no tenía sentido alguno de quién era yo con respecto al mundo, como si hubiera estado siempre interpretando un papel, casi copiando a otras personas en su manera de ser, en lugar de conocer y de sentir a mi Yo. Fueron unos tiempos difíciles, mientras forcejeaba por encontrarme a mí misma.

No sabía en realidad lo que era la meditación, pero me comprometí simplemente a sentarme tranquila y a estar conmigo misma. Poco a poco, comencé a tomar conciencia de una especie de presencia serena a mi alrededor, e instintivamente comencé a sentirla directamente en mi interior. Tenía que confiar en aquellas sensaciones; aquello era todo cuanto tenía. De modo que me esforcé por aceptar la idea de no comprender en aquel momento lo que estaba haciendo.

Un día, mientras meditaba, empecé a recibir esta sorprendente energía y, en un breve lapso de dos a tres segundos, se me dieron dos procesos de sanación completos. Era como si yo hubiera estudiado estos procesos durante toda mi vida y los conociera en profundidad.

Me sentí abrumada con esta experiencia, al no saber, al desconfiar de lo que pudiera haber ahora en mi interior; no solo en mi interior, sino en una parte de mí, no algo separado. Fue como si toda una nueva parte de mí hubiera nacido en aquellos dos o tres segundos. Estuve allí sentada, aturdida, durante un buen rato, sintiéndome a mí misma y a aquella nueva parte de mí. Yo la describiría como energía y amor, como algo bueno, agradable y muy muy real. Podía sentirla pulsando suavemente a través de mis células, como un nuevo latido cardiaco, como una luz que fluyera como un amanecer en cada célula. Estuve allí sentada, inmóvil, respirando suavemente, notando simplemente aquel flujo de luz. Había una decidida sensación de vitalidad en aquello, una vitalidad que yo nunca había experimentado en toda mi vida hasta aquel momento. Cada una de mis células se estaba transformando, y el amor fluía en mi interior, curando mis células. El amor me sustentaba de un modo como nunca nada me había sustentado.

Tenía conmigo, en casa, a mi hijo, que tenía muchos y complicados problemas de salud. A los pocos días de haber recibido esta energía decidí imponerle las manos para probar si aquello funcionaba también con él. Mientras ponía mis manos sobre su cuerpo, pude sentir cómo aquella nueva energía corría a través de mí. Pude sentir cómo se abría el amor dentro de mí, y cómo tomaba su lugar en mí una profunda sensación de sanación, mientras trabajaba con él. Aun con todas mis dudas acerca de mi capacidad para poder hacer aquello, aquel proceso fluyó por sí solo. Era fácil y hermoso. Generaba en mi interior una increíble sensación de silenciosa alegría. Me sentía en paz. Se me había introducido en un estado muy singular, un estado en el que me sentía parte de algo; por primera vez en mi vida tenía la sensación de pertenecer a algún lugar. Y, sin embargo, no hubiera podido decir dónde estaba aquel lugar y quién estaba allí. Aquello parecía no importar. Al cabo de unas horas de haber hecho aquel trabajo con mi hijo, pude ver los cambios en él. ¡Era un milagro! Era un milagro para mí y para mi hijo.

Todos los días trabajaba con él, y todos los días nos íbamos curando los dos. Durante dos años estuve trabajando con él a diario, y ambos nos transformamos. Durante aquel tiempo desarrollé una relación y una confianza sorprendentes con el Espíritu. Me comprometí personalmente con el Espíritu a seguir cualquier directiva que me diera. Se me había llevado de la muerte a la vida, y mi intención era la de comprometerme cada vez más con la vida.

Mi vida se llenó de vida. Empecé a trabajar con otras personas, y la energía (mi energía) comenzó a expandirse. El corazón se me fue abriendo poco a poco, y mi matrimonio comenzó a desmoronarse a medida que yo cambiaba. Mi marido se había casado con una persona necesitada, cerrada, y yo ya no era aquella persona. Estaba viva, sana, y me sentía feliz. Y mi matrimonio llegó a su fin.

Mi vida estaba llena, con mis tres hijos y mi trabajo con la gente. Me sentía feliz y realizada. Me encantaba mi casa, y llevaba una vida agradable y sencilla.

Mi conexión con las fuerzas naturales iba creciendo, y yo iba haciéndome consciente de esa conexión y de la fuerza vital de la naturaleza, percatándome de que yo también era parte de este maravilloso mundo y de que no había ninguna separación entre mí misma y las fuerzas naturales. Me introduje en el mundo del chamanismo, y comprendí mi lugar dentro del mundo. Empecé a ocupar mi lugar. Mi curación se aceleró en muchos y diferentes niveles, a medida que empezaba a comprender mi vida y mi viaje hasta aquel momento, y a medida que me perdonaba a mí misma y me resucitaba.

El Espíritu me instó a que hiciera una búsqueda de la visión,[2] un viaje a la naturaleza durante un fin de semana, para profundizar mi alianza con la naturaleza y con las fuerzas naturales. Fue aquí donde tuve mi primera visión. Estaba amaneciendo, y el sol comenzó a girar, creando rayos de luz brillante. Luego, la luz formó una tela de araña gigantesca. En el centro de la tela había una luz muy brillante, que se expandía. La luz pulsaba dentro de mí, y llegó con un mensaje. Se me dijo que tenía que dejar Australia en el plazo de un mes, que tenía que dejar a mis hijos e irme a vivir a Estados Unidos. Solo debía llevar conmigo una maleta. La visión fue tan intensa y tan espectacular que no pude negarme a aquel mensaje, por mucho que deseara desestimarlo.

¡Dejar a mis hijos! Era incapaz de imaginarme el hecho de alejarme de ellos; y, sin embargo, sabía que no había otro remedio, que tenía que hacer algo. ¡No sabía cómo lo haría, ni cómo podría hacerlo!

Se me dijo que tenía que decirles a mis hijos en el plazo de 48 horas que me iba a ir de Australia.

Éste fue el siguiente paso para mí. Me había comprometido a confiar en el Espíritu; había prometido que seguiría mis indicaciones. Yo sabía que se me estaba llevando a sentirme más y más viva, que había una misión que yo tenía que llevar a cabo. No comprendía ni sabía de qué iba aquello, pero el sentimiento era tan fuerte que era

---

2. *Vision quest.* La búsqueda de la visión es un ritual nativo americano en el que la persona realiza un ayuno de tres o cuatro días en medio de la naturaleza, mientras ruega constantemente al Gran Misterio que le conceda una visión que le aclare su camino y su vida. *(N. del T.)*

como si me estuvieran partiendo el corazón en dos y yo no pudiera hacer nada, salvo seguir adelante. Estados Unidos sería mi siguiente paso.

Lo cierto es que tenía mucho miedo, pero seguí recibiendo mensajes: «No dejes que el miedo te detenga; ¡no es más que un sentimiento!». Pero aquello no me ayudaba nada, no aliviaba el profundo dolor que sentía en mi corazón. Sabía que mis hijos ya nunca más me volverían a ver igual, una vez les dijera que me iba.

A mis dos hijos más pequeños los envié a vivir con su padre; mi hija tenía trabajo, y tenía la edad suficiente como para independizarse. Fueron unos tiempos muy difíciles. Mis hijos se enfurecieron conmigo, y mis amigos me juzgaron con dureza por dejar a mis hijos. Me sentía sola, y tenía miedo. No conocía a nadie en Estados Unidos. No sabía adónde iba a ir, ni qué iba a hacer allí. Lo único que podía hacer era seguir confiando en la exactitud de todo aquello, por duro que fuera. Tenía que confiar en ello.

La única manera que encontré para convencerme de subir al avión fue diciéndome que, si no me gustaba aquello, podría estar de vuelta en una semana. El miedo era intenso. Lo único que había tenido claro había sido el comprar un billete para San Francisco, y había visto que poco después de mi llegada se iba a celebrar un curso sobre el Cuerpo de Luz. Había llamado por teléfono y había reservado plaza para este curso, que se iba a celebrar en el Monte Shasta. Yo pensaba que Monte Shasta era un suburbio de San Francisco. La persona que impartía el curso fue lo suficientemente amable como para recogerme en el aeropuerto, de modo que nada más aterrizar en San Francisco me llevaron directamente hasta el Monte Shasta.

Me había lanzado al abismo al dejar mi Australia natal, pero el Espíritu me había sustentado en mi viaje para, de pronto, encontrarme en un asombroso lugar: el Monte Shasta, ¡qué montaña más increíble! La energía allí era extraordinaria, y las fuerzas naturales eran tan poderosas que era capaz de sentir cómo recibía energía de la montaña día a día; había allí potentes vórtices de energía que abrieron muchas iniciaciones para mí.

Estuve viviendo en el Monte Shasta durante un año, trabajando con la gente y pasando por profundas iniciaciones y experiencias.

Mis energías y mi trabajo se expandieron. Empecé a impartir talleres con grupos de personas, así como en sesiones individuales. Estaba muy ocupada; era feliz. Me encantaba estar en aquella montaña. En mi imaginación, me veía a mí misma viviendo en la montaña para siempre.

Entonces, el Espíritu me instó a hacer un retiro de dos meses: simplemente sentarme y abrirme para recibir. Fue una época muy intensa para mí, y mi corazón se abrió y se expandió, a medida que me iba alineando con las energías espirituales. Se me transportó a esferas energéticas muy diferentes, y pasé por múltiples y diversos procesos curativos. A lo largo de todo este tiempo se me concedió comprensión y conocimiento, y me sentí profundamente conmovida y agradecida. Tuve que recurrir a mis ahorros con el fin de poder vivir durante aquel tiempo. «¡Confía!», me decía a mí misma.

Al cabo de aquellos dos meses me había quedado casi sin dinero, y mis hijos vinieron a visitarme durante seis semanas. Fue maravilloso verles de nuevo, pero mis reservas económicas habían quedado completamente agotadas para cuando volvieron a Australia. Les llevé al aeropuerto de San Francisco y les di el último dinero que me quedaba.

Lo había dispuesto y organizado todo para trabajar con un grupo de personas en la zona de Mill Valley, de modo que salí con mi automóvil del aeropuerto y me fui allí. Tenía un mapa con las direcciones hasta la zona del centro de la ciudad, desde donde tendría que llamar para que me llevaran a la casa en la que íbamos a trabajar. Me había reservado un cuarto de dólar para hacer aquella llamada. No me quedaba más dinero. Para cuando llegué se había hecho de noche, y llovía. Encontré la cabina de teléfonos, metí el cuarto de dólar y marqué el número… y no ocurrió nada: el teléfono no funcionaba, y yo había perdido mi cuarto de dólar.

Allí estaba yo, varada en mitad de la noche, bajo la lluvia, sin dinero y sin modo alguno de contactar con mi amiga. En aquellos momentos me sentí presa del pánico. Todo lo que había dejado atrás en Australia, mis amigos, mis hijos, una vida segura, había desaparecido. Yo había confiado, y mira ahora dónde estaba: sin nada, perdida.

Hubo un chasquido en mi mente, y algo se desmoronó dentro de mí. Estaba temblando, aterrorizada; toda mi confianza había desaparecido; todo había desaparecido. ¡Qué loca había sido al tomar aquel sendero, confiando de aquel modo!

Volví lentamente hasta mi automóvil, sin saber qué hacer, sumida en la más absoluta desesperación. Me metí en el auto y me percaté de que había algo en el suelo del vehículo. Las luces de la calle brillaban sobre algo. Me agaché y, allí, en el suelo, ¡había otro cuarto de dólar!

Me eché a reír. Llamé a mi amiga y comencé otro nivel de mi trabajo.

Aquel fue un punto de inflexión para mí; a partir de aquel momento, mi vida y mi trabajo se aceleraron. Nunca más me volví a encontrar en una situación como aquella. El desmoronamiento me supuso desprenderme de una parte de mi ego, y pude comprender al fin que, sin aquella intensa experiencia, no habría podido recibir la sanación que yo necesitaba, ni habría sido capaz de moverme a otros estados dentro de mí misma.

Mi hijo pequeño se vino a vivir conmigo al cabo de un año de estar en Estados Unidos, y fue maravilloso tenerlo conmigo. Yo estaba enseñándole el trabajo a diversos grupos de personas, seguía revelando el Espíritu, y también seguía las directrices que me daba el Espíritu. Estaba muy ocupada canalizando los nuevos aspectos del trabajo, con el fin de enseñar el primer bloque de trabajo que se me había dado.

Mi relación con la luz, con el Espíritu, era mi principal foco. Mantenía mi compromiso con la vida, el compromiso de moverme en sintonía con la luz, mi luz. Constantemente se me introducía en aspectos más profundos de mi luz, experimentando una unión más profunda con ella, una unión que estaba propiciando diversas iniciaciones a mi Yo. Se me estaba dando una mayor claridad sobre la verdad y la sanación, algo que vivía como muy hermoso, y se me estaban dando muchos conocimientos y mucha comprensión sobre mi sendero y mi misión aquí, en este plano terrestre.

Lo único que sabía era que estaba siendo dirigida por la luz, por Dios. No me complicaba la vida preguntándome quién o qué me estaba llevando. Simplemente, me dejaba llevar y mantenía la confianza. Si alguien me preguntaba: «¿Trabajas con tus guías?», yo le respondía: «Me guía la luz, y tengo maravillosas experiencias de

Dios». Me sentía muy agradecida por mi viaje interior. Comprendía por qué había sido elegida para hacer este trabajo, pero me sentía comprometida y honrada, y cuanto más se desarrollaba el trabajo, más sencilla era mi experiencia. Era como si el trabajo y yo nos hubiéramos hecho uno.

Todos los días iba caminando hasta un sitio muy sagrado cercano a mi casa. Sentía la llamada de la naturaleza, y en este sagrado lugar recibía cada día una bendición. Conocía cada árbol y cada roca que había allí, y me encantaba la relación que mantenía con este sitio. Normalmente, iba cada mañana a ver amanecer y a recorrer el sendero, que estaba lleno de vórtices energéticos y puertas interdimensionales. A veces me metía en estos espacios energéticos, y otras veces pasaba simplemente a través de ellos. Siempre me dejaba llevar por este lugar.

Un día, al entrar en mi sendero sagrado, me di cuenta de que había algo diferente. Entré en un mundo que nunca había experimentado. Había allí un grupo de seres alienígenas esperándome, los pleyadianos. Me quedé impactada. ¡Yo no creía en naves espaciales ni en alienígenas! Su energía era de luz pura, y dirigían hacia mí su amor. Me dieron la bienvenida, se reunieron a mi alrededor y me abrazaron. Y, de repente, me abrí. Con un jadeo, mi consciencia se expandió y recordé a la perfección mis orígenes pleyadianos: la vida que vivía simultáneamente con los pleyadianos y la vida que vivía aquí en el plano terrestre. Me encontré de pronto dentro de mi yo pleyadiano. Miré hacia abajo, a Christine, mientras recobraba plenamente la memoria de mi misión aquí, en el plano terrestre, el momento en que había elegido esta misión, y mi vida y mi familia pleyadianas. Estaba experimentando mi luz plena en esta consciencia pleyadiana.

No sé cuánto tiempo estuve allí, en aquel lugar, con mi otra familia, pero de pronto me encontré de vuelta en mi casa sin tener recuerdo alguno del camino de regreso. Fue un increíble estado de expansión.

Súbitamente, sentí que se me había arrojado a una situación profundamente perturbadora. No podía descartar la experiencia que había tenido; era demasiado poderosa. Sin embargo, yo no quería ser una pleyadiana. Yo no quería aquella información. Yo no quería aquella verdad. Estaba terriblemente confusa y desorientada. La luz expandida pulsaba en mi cuerpo. Era tan intensa que apenas podía moverme, y me sentía absolutamente sin forma alguna. Solo era consciente de ser una energía radiante; había perdido la sensación de mi cuerpo físico. No tenía experiencia sensorial alguna de mi cuerpo: no podía sentir el viento en mi rostro; no podía sentir el calor del sol en mi piel. Lo único que experimentaba era aquella intensa luz, una luz cegadora, día y noche. No podía descansar ante la intensidad de esta experiencia. Me sentía profundamente angustiada en aquel estado, mientras aquella luz brillante y cegadora seguía pulsando dentro de mí.

Estuve así durante dos meses, casi incapaz de funcionar en la vida cotidiana y, al mismo tiempo, dándole vueltas a la autenticidad de lo que había ocurrido y a la certeza de quién era yo. Estaba enfadada. No sabía cómo continuar con mi vida siendo consciente de aquella verdad. Quería volver a mi vida de antes; ¡yo no quería aquello! Era un profundo conflicto el que tenía lugar dentro de mí; y no sabía cómo recomponer las dos piezas: mi conexión con Dios y mi yo pleyadiano.

Poco a poco, llegué a darme cuenta del amor que había presente en mi Yo, y se me permitió comprender que solo existe la Unidad, y que los pleyadianos forman parte de esa Unidad, parte del todo, y que yo soy parte de ese todo: la consciencia de Dios. Desperté a la sencilla verdad de la Unidad de todas las cosas.

El trabajo que había llegado a través de mí tantos años atrás era de los pleyadianos, aunque yo habría sido incapaz de aceptar esta verdad en aquel momento. Ahora podía tratar con ella, ahora que disponía de una conexión tan fuerte con la luz y que había anclado la verdad con tanta fuerza en mi interior. Tuve que aceptar esta verdad y vivir con ella. Formaba parte de mi destino. No podía negar la verdad de lo que estaba pasando. Sabía que era cierto, y tenía que seguir adelante con esta verdad. Emergí de esta experiencia con mucha más fuerza, y plenamente consciente de mi familia pleyadiana, que me rodeaba con un amor increíble. Iba a convertirme en un importante enlace entre los pleyadianos y el trabajo de iniciación que ellos pretendían anclar aquí, en el plano terrestre, para la humanidad.

Pero aún me llevaría seis años más llegar a ser plenamente capaz de integrar toda la energía de mi yo pleyadiano en mi forma humana. Mi trabajo se difundió en Israel, donde empecé a enseñar regularmente y a trabajar ampliamente con niños.

Se me llevó a la región de Galilea, en Israel, a Cafarnaúm, que está junto al mar de Galilea. Cafarnaúm es la ciudad que se hizo para Jesús. Yo había tenido una indicación muy fuerte de que tenía que ir allí, aunque no había tenido con anterioridad ninguna relación en particular con Jesús. No tenía ningún antecedente religioso, ni interacción alguna con esta energía. Pero el tirón que sentía por ir allí era intenso.

Cuando llegué y salí del automóvil, me vi abrumada por la emoción, una emoción tan fuerte que hizo que cayera de rodillas. Estaba en el suelo sollozando incontrolablemente, como si mi corazón se hubiera desgarrado; pero no de dolor, sino de una intensa alegría. Estaba naciendo a través de mi corazón. Estuve en el suelo durante una hora, completamente abrumada. No sabía cómo iba a entrar en este lugar, ni cómo iba a tomar la energía allí.

De repente, sentí a Jesús conmigo. Me pidió que bajara hasta la orilla del mar de Galilea y que me quedara allí de pie. Bajé caminando hasta el mar, que estaba sumamente hermoso, en calma. Estuve allí de pie, intentando recomponerme, sintiendo una profunda paz dentro de mí. Vi a Jesús venir hacia mí caminando sobre el agua, con los brazos extendidos, irradiando luz a su alrededor. El amor era tan intenso que pulsaba a través de mí, y la luz que le envolvía entraba en mi interior y me envolvía también a mí. Llegó y puso sus manos sobre mi cabeza, y sentí una increíble unción. Después, tomó mis manos entre las suyas y paseamos juntos por la orilla. Me habló del amor, e hizo referencia a mi ministerio con la gente y a la importancia de la enseñanza y de la acción del amor.

Jesús es un maestro constante en mi vida, y sigue prestándome ayuda con su infinito amor. Me ha enseñado mucho acerca de amarme a mí misma con compasión. Me contó que su principal misión aquí es el amor, que nosotros, los seres humanos, hemos venido aquí para bajarnos de la cruz y resucitarnos a nosotros mismos. Mi viaje con Jesús me ha transformado la vida. Me ha proporcionado claridad acerca de lo que es en verdad el amor y sobre cómo esa energía de amor puro puede transformarlo todo. Me ha dado la oportunidad de sanar, ayudándome a comprenderme a mí misma y a comprender mi vida, para que pudiera desarrollar la verdadera compasión y el amor por mí misma que tanto necesitaba para recuperarme.

Mediante canalización, recibí una directriz para que comenzara a enseñar el segundo bloque de trabajo que se me había dado durante todos aquellos años. Se me dijo que el plano terrestre estaba preparado ahora para estas iniciaciones, que serían activadas por el trabajo de las Frecuencias de Brillo; y esto me llevó a adoptar un papel más activo y profundo con los pleyadianos, en la medida en que empezaba a enseñar y a transmitir este trabajo iniciático.

El trabajo con las Frecuencias de Brillo me expandió rápidamente en múltiples niveles de conciencia nuevos, y la experiencia del trabajo fue sumamente hermosa. A medida que mi energía se expandía, mi trabajo en el mundo se expandía también. Se extendió hasta Bruselas, Holanda, Italia, Canadá, Brasil y Argentina, y por todo Estados Unidos. Todo se aceleró en mi mundo, a medida que iniciaba a la gente en este nuevo trabajo. Fue un honor traer a este planeta una iniciación tan pura como ésta, y trabajar de un modo incluso aún más estrecho con los pleyadianos.

Sai Baba es un maestro y amigo que ha jugado un importantísimo papel en mi vida. Él me enseñó el poder de la risa, y a no tomarme a mí misma demasiado en serio. Me encanta el hecho de que él esté en este plano terrestre en forma física, y tiene la capacidad para aparecérseme en cualquier lugar y en cualquier momento. En más de una ocasión me ha llamado para que fuera a verle a su *ashram*, en Puttaparti, diciendo: «Ya es hora de que vengas y estés aquí un tiempo». Mi corazón rebosa de gratitud por su presencia constante en mi vida.

La primera vez que conecté con él fue en 1985. Yo acababa de leer un libro suyo y, unas cuatro horas más tarde, apareció en mi habitación y dijo: «Ha llegado el momento de que vengas a verme a la India». Me quedé estupefacta, y le dije: «¡Eso es imposible!».

Y él me dijo: «El modo de venir se te hará claro». Y desapareció.

Yo no tenía dinero y, aunque lo hubiera tenido, ¡ciertamente no habría sido para irme a la India!

Unas tres semanas más tarde, el padre de mi mejor amiga, que me tenía por una hija, me dio 4.000 dólares con la instrucción expresa de que los utilizara exclusivamente conmigo misma. Cuatro semanas después estaba en el *ashram* de Puttaparti. Estuve allí un mes, en la época más cálida del año, en un elevado desierto del sur de la India, con fuertes vientos cargados de polvo. ¡Detestaba aquello!

Mi cólera y mi desdicha iban en aumento día a día; y, para cuando llegó el momento de partir, estaba completamente loca de furia. Era como si toda la rabia que había estado encerrada en mi interior se desbocara de pronto. Cuando me iba, escuché a Sai Baba decir :«Volverás», y yo respondí: «¡Jamás!».

Al cabo de dos meses de aquello, ya en casa, fue cuando me diagnosticaron el lupus. Ahora sé que la energía emocional que se liberó en el *ashram* me abrió el camino hacia la siguiente fase. No tendría otra experiencia consciente con Sai Baba durante doce años, pero he estado en su *ashram* cuatro veces en los últimos trece años. Estas visitas han sido muy diferentes a aquella primera visita; si bien, evidentemente, yo había sufrido una gran transformación de consciencia para cuando fui por segunda vez. Para mí ha sido un grandísimo privilegio disponer de este apoyo en mi trabajo. Sai Baba sigue enseñándome en la vida.

Se me dieron instrucciones para que fuera a Bosnia. Se me dijo que fuera a Medjugorje, un lugar donde la Virgen María se le había aparecido a mucha gente. Hay allí una montaña donde miles de personas van con la intención de curarse. Los enfermos suben a la montaña, que es donde tantas personas dicen haber visto a la Virgen María. Muchas son las que han tenido curaciones milagrosas en este lugar.

Cuando llegué a Medjugorje me sorprendieron los rostros de sus gentes. Vi mucha desesperación y desolación en ellos. Habían pasado por una guerra terrible, y la gente y el lugar parecían estar hechos pedazos.

Recorrí las calles bajo un gélido viento invernal. No había manera de calentarse; el viento era tan fuerte y tan frío que casi no había nadie por las calles y, claro está, tampoco había peregrinos con la intención de subir a la montaña aquel día. El cielo se cernía con una profunda negrura. Era mediodía, pero el cielo estaba tan oscuro que parecía estar anocheciendo.

Recibí un mensaje. Tenía que subir a la montaña. No me hizo ninguna gracia; de hecho, sentía una fuerte resistencia a hacerlo; pero, claro está, tenía que ir. ¡Había asumido el compromiso de seguir las indicaciones, fueran cuales fueran! Me abrigué todo lo que pude. El viento ululaba con fuerza cuando comencé el largo y empinado sendero de la montaña. No había nadie más a la vista. Y, cuanto más alto ascendía, más viento y más frío me azotaban. Estuve forcejeando con el viento, que me empujaba hacia atrás con su increíble fuerza. El cielo cada vez estaba más oscuro. Y yo cada vez me sentía más molesta, más enfadada, y más harta de todo. El viento era cada vez más fuerte, y cada vez más frío.

Cuando llegué a la cima fue terrible; allí la situación era aún peor, y el único modo que hallé para que el viento no se me llevara fue agazaparme en un hueco de la base de la enorme cruz de metal que se erige en la cima de la montaña. Me agaché allí, en la base de la cruz, y descansé un poco, protegiéndome del viento, congelada de frío y pensando para mis adentros, «¿Qué estoy haciendo aquí? ¡Esto es de locos!».

De repente, el cielo se iluminó, como si las negras nubes se abrieran un poco para dejar entrar aquella gloriosa luz. Miré hacia arriba y vi a la Virgen María. La luz cayó sobre mí, y sentí una agradable calidez y un gran amor. La Virgen María me habló acerca de la importancia de mi misión aquí en la Tierra y del trabajo que iba a hacer en el mundo, pero me dijo que había algo más importante que todo el trabajo que yo tenía que hacer, y que ese algo era yo. Yo era el foco más importante, y me dijo que Ella estaba allí para apoyarme a *mí*, no al trabajo; que su trabajo consistía en apoyarme y amarme en mi viaje en esta vida. Me pidió que me abriera a Ella, y que la llamara en cualquier momento, que Ella estaría allí conmigo.

Las lágrimas arrasaron mis mejillas. Ya era bastante difícil poner el foco en mí, como para además creer que era digna de aquel regalo de amor. Nunca había disfrutado del amor de una madre, y Ella me estaba dando eso. Claro está que esto ocurrió muchos años antes de que yo fuera plenamente capaz de recibir tanto amor por parte de

Ella, y de que pudiera asumir la gracia que se me había dado aquel día. La luz desapareció, y volví a la negrura y al viento ululante. En mi interior sentía la calidez y la luz de la Virgen María. El descenso de la montaña no sería nada fácil con aquel viento, pero a mí se me hizo llevadero con aquel calor que me había quedado de la presencia de la Virgen María. Ella me sostuvo en el camino de regreso.

María ha estado conmigo desde entonces, siempre a mi lado cada vez que la he llamado. Jamás habría podido imaginar el papel que iba a jugar en mi proceso curativo en lo relacionado con mi infancia. Sin Ella, creo que no hubiera podido sanar las enormes heridas que tenía en mi interior.

Pocos años después, estuve presente en el nacimiento de mi primera nieta. Yo no estaba preparada para la increíble corriente de alegría que brotó de mi corazón mientras ella nacía. Aquel suceso activó un profundo proceso en mi interior, un profundo proceso dentro de mi corazón. Fue como si algo en mi corazón se hubiera abierto de repente, una extraña vulnerabilidad, al sostener entre mis brazos a mi nieta por vez primera. La alegría y la conexión que sentí con ella fueron mágicas, como si mi corazón se hubiera abierto a algo nuevo.

Pero, al volver a casa, aquella vulnerabilidad se hizo más profunda, hasta el punto de sentir una necesidad imperiosa de descansar. No comprendía lo que estaba sucediendo. Tenía la sensación de estar fuera de control y completamente expuesta. Me tenía tan ausente esta experiencia que, más tarde, al cerrar la puerta del garaje, me pillé tres dedos en la junta. El dolor era insufrible, y me sumí en un terror incontrolable, un terror que recorrió todo mi cuerpo. Era un sentimiento muy intenso y, sin embargo, por extraño que parezca, era un sentimiento muy familiar al mismo tiempo.

Ya en el hospital no podía dejar de gritar, y no sabía por qué no podía controlarme. Pero me dolía el corazón, y tenía mucho miedo, casi terror de algo que no sabía qué era. Tenía los tres dedos rotos, y el médico me dijo que tendría que estar en reposo durante tres semanas.

Los sentimientos en mi interior siguieron acelerándose, y yo seguía cayendo en picado en experiencias que no comprendía. Era como si mi sentido de la realidad hubiera desaparecido, y los sentimientos de terror y de estar fuera de control fueron en aumento. Me di cuenta de que aquello tenía algo que ver con mi pasado, con mi infancia; y supe que necesitaba ayuda. Empecé a tomar conciencia de que, de algún modo, estaba teniendo flases de mi pasado, aunque estos recuerdos eran nuevos, y los sentimientos y las experiencias me venían como si todo me estuviera ocurriendo ahora.

Recé para encontrar un terapeuta que me pudiera ayudar a orientarme en medio de aquel laberinto de relámpagos de mi memoria. Y ocurrió el milagro, pues encontré a una terapeuta que estaba especializada en víctimas de abusos rituales y de culto. Volé hasta Los Ángeles para trabajar con ella. Al cabo de dos días de terapia, me dijo: «Las cosas probablemente empeorarán bastante antes de empezar a mejorar». Y tuvo razón.

Así fue como empecé a recordar aquella increíble pesadilla que había sido mi infancia. Mi familia de origen pertenecía a cierto culto, en el cual se me sometió a multitud de abusos y prácticas traumáticas siendo niña. Mi madre contrajo la polio cuando yo tenía un año de edad, y la enfermedad la dejó discapacitada para el resto de su vida, convirtiéndome a mí en el chivo expiatorio de su dolor y de su rabia. Ella me veía a mí como la causa de su enfermedad. Si yo no hubiera nacido, ella no habría enfermado. Pero entre mis padres y el culto hicieron un trato: yo iba a ser entregada al culto para jugar un papel en sus muchos rituales a cambio de la curación de mi madre. En casa, yo formaba parte de un triángulo sexual junto con mi madre y mi padre, de ahí que mi vida se fuera al traste con tantas y tan traumáticas experiencias, perdida irremediablemente para mí misma.

Estos recuerdos se aceleraron y tomaron los mandos de mi vida durante tres o cuatro años. Los flases de recuerdos eran constantes, haciéndome revivir una experiencia horrible tras otra. Durante algún tiempo estuve totalmente fuera de control, sumida en el terror. Tuve que trasladarme a Los Ángeles para estar cerca de mi terapeuta, y dejé de trabajar durante tres meses para poder recibir terapia dieciséis horas a la semana. Los únicos momentos en que podía dejar mi apartamento eran para ir a terapia; el resto del tiempo vivía aterrorizada, a medida que me iba abriendo paso en aquel laberinto de horrores. Solo quería que todo terminara, pero me veía obligada a sentir todo aquello que, con el fin de poder sobrevivir, había enterrado en lo más profundo de mí. Deseaba la muerte, y me acordé que ya de niña también había vivido deseando la muerte.

El proceso de sanación se me antojó interminable, pero a lo largo de todo aquel tiempo la Virgen María estuvo conmigo, dándome el apoyo y el coraje suficientes como para aceptar un dolor y un sufrimiento tan tremendos. La Virgen María aguantaba cada una de las partes de mi niña interior, permitiéndome reconectar con cada una de esas partes de mí en las que me había escindido con el fin de sobrevivir al horror de todo lo que había vivido en aquel culto. Me resulta increíble hasta qué punto me sostuvo a través de aquella pesadilla. Los Ángeles me rodearon y me mantuvieron a salvo a través de aquellos oscuros tiempos.

La convicción infantil de estar sola, de estar completamente abandonada, comenzó a remitir a medida que me iba resucitando. Conforme iba recuperando los recuerdos se me iba mostrando hasta qué punto los Ángeles habían estado allí, conmigo, en todas aquellas terribles experiencias. Pero, siendo niña, yo había optado por cerrarme a todo con el fin de poder sobrevivir, de modo que era incapaz de experimentar la ayuda que estuvo allí a mi disposición durante todo aquel tiempo.

Pero comenzaron a ocurrir milagros a medida que avanzaba la terapia. Con la ayuda de mi terapeuta, conseguí abrirme paso a través de las capas de recuerdos que emergían a la superficie, con dolor, culpabilidad, pena y rabia. Conecté con una nueva parte de mí misma, experimenté a las niñas interiores y conecté con ellas. Eran las partes más valientes de mí misma: las niñas interiores que habían asumido las experiencias más dolorosas e impactantes por las que había pasado. Si esas partes de mí no hubieran hecho eso, no habría podido sobrevivir a mi terrible experiencia.

Me iba sanando conforme iba resucitando esas partes infantiles de mí misma, en tanto en cuanto más partes de mí se me hacían disponibles. Empecé a sentirme más segura de mí misma en el mundo, y más estable y completa dentro de mi mundo. Tenía la sensación de estar volviendo a la vida, de tal modo que era capaz de sentir más, de sentir más alegría en mi vida, de estar más presente en cada instante y de estar más conectada con mi vida. Cada vez me sentía más integrada en lo que pasaba en el mundo a mi alrededor en la vida cotidiana. Tenía mucho menos miedo, y podía enfrentarme mejor al mundo. Comencé a comprenderme mejor a mí misma y a ser consciente de cómo me sentía en cada momento: era mucho más sincera conmigo misma y con los sentimientos presentes en cada instante. Empecé a sentirme libre y a ser más *yo misma*, más auténtica. Para mí fue una sensación liberadora la de verme capaz de depender de mí misma y saber cómo me estaba sintiendo, el hecho de no ser ya una víctima que simplemente reaccionaba ante el mundo externo. Era capaz de depender de mí misma para mantenerme estable.

Era estupendo ser capaz de conectar con mis partes infantiles internas y comprenderlas, resolviendo la prolongada separación que había tenido lugar en mi interior. Podía depender de mí para cuidar de mí misma, y para sustentar a las partes infantiles de mi interior, para que pudiera darse una relación sanadora entre mis niñas y yo. Tuve que convertirme en su madre, para darles estabilidad y amor, con lo que les iba dando la posibilidad de crecer. A medida que fueron sintiéndose seguras y escuchadas comenzaron a confiar en mí, en que yo estaría ahí para ayudarlas. Y a medida que fueron confiando en mí comenzaron a resucitar, a ser capaces de alejarse del dolor del pasado y atreverse a estar aquí, en el presente que estábamos viviendo, sintiéndose seguras y amadas.

Mis niñas me llevaron de vuelta hasta conectar con una parte inocente de mí misma. A través de sus ojos pude experimentar el mundo de un modo diferente. Me introdujeron en un mundo de maravillas, y me llevaron a valorar de una forma novedosa la belleza de la naturaleza y la alegría de vivir.

Ahora había mucho más de mí disponible. Una parte nueva y auténtica de mí misma estaba emergiendo, y con ella se incrementaba mi conexión con las esferas espirituales. Mis canalizaciones eran más claras, y mis habilidades de comunicación con los pleyadianos, con el Espíritu y con las fuerzas de la naturaleza se incrementaron. Era como si me hubiera liberado de una enorme carga, resucitando a una novedosa comprensión y a una nueva verdad para mí misma. Me estaba resucitando a mí misma.

Estaré siempre agradecida por la ayuda que la Virgen María me prestó en todo aquel tiempo. Nunca habría podido dar esos pasos yo sola, y hubo además muchos milagros relacionados con mi sanación y con el inabarcable amor de la Virgen María.

Cuando finalmente regresé al trabajo pude percibir una nueva sensación de conexión conmigo misma y de conexión con el Espíritu. Las cosas seguían sin ser fáciles, aunque cuando estaba trabajando me encontraba en perfecta sintonía con el Espíritu y con los pleyadianos; cuando terminaba de trabajar, volvía a ocuparme de aquellas partes de mí misma que aún estaban curándose. Todavía sentía algo de miedo, y me asaltaban aún algunos flases del pasado, por lo que tuve que mantener mi compromiso hasta la plena recuperación, manteniéndome firme a lo largo de todo el proceso. No fue fácil. Trabajaba con mi terapeuta por teléfono cuando estaba de viaje por causas de trabajo, y cuando volvía a casa proseguía con la terapia durante doce horas semanales. Mi proceso curativo se prolongó durante otros cuatro años. Ahora me siento mucho mejor, y he podido mudarme de Los Ángeles; y, cuando estoy en casa, hablo con mi terapeuta una vez a la semana.

El proceso curativo ha sido profundo. Sigo experimentando una profunda sensación de libertad y una profunda conexión conmigo misma en mi interior. Mis niñas interiores y yo nos hemos reunido, y estoy muy agradecida por mi sanación.

Ocuparme de esta parte de mi pasado ha sido la cosa más difícil que haya podido hacer jamás, y creo que no podría haberme ocupado de todo aquello antes del momento en que lo hice. Mi fuerte conexión con la Virgen María, con el Espíritu y con los pleyadianos fue lo que me permitió entrar en las profundidades del infierno hasta encontrar a esas partes infantiles interiores y resucitarme a mí misma. Sin esas alianzas, no habría sido capaz de enfrentarme a tales recuerdos y al profundo trauma que había en mi interior.

En junio de 2008, estaba trabajando en un monasterio cercano a Banneux, que es un lugar sagrado donde la Virgen María se le apareció muchas veces a una adolescente, en 1933. Una pequeña comunidad se ha construido en la zona donde estas apariciones tuvieron lugar. Me había sentido poderosamente atraída por Banneux, y cada tarde, después de finalizar el trabajo, me iba caminando hasta el santuario, donde podía sentir la intensa presencia de María. Todos los días me sentía atraída como un imán por las diferentes zonas donde Ella se había aparecido tiempo atrás. María me daba siempre la bienvenida, con mucho amor, y mi corazón se sentía profundamente conmovido con cada encuentro. Yo no comprendía muy bien lo que estaba sucediendo en todas aquellas experiencias, pero sabía que estaba en medio de unos profundos e importantes procesos de transformación con Ella. Ella no dejaba de recordarme que estaba allí para ayudarme en las diferentes fases de mi viaje, y que siempre estaría ahí para mí. Para mí no eran extrañas estas experiencias con Ella, dado que había tenido muchos encuentros con sus energías en Israel y en Medjugorje. Ella siempre se me ha aparecido en las encrucijadas más críticas de mi vida.

Después de los primeros tres días yendo a verla, tuve la sensación de que mi corazón se expandía más y más. La tercera noche después de empezar a verla, me desperté durante la madrugada con la sorpresa de encontrarme fuera de mi cuerpo. Intenté volver a él, pero no podía. Estaba desorientada y confusa. ¿Por qué no podía volver a mi cuerpo? Me acerqué a él y lo toqué; estaba frío como el hielo. ¿Qué estaba pasando? El pánico se apoderó de mí cuando me di cuenta de repente de que mi cuerpo ya no respiraba. ¡Estaba muerta!

Fue como si algo diera un portazo dentro de mí en aquel momento. No podía respirar, no podía pensar. Nada de lo que yo sabía tenía sentido, y entré en una espiral de pánico. De repente, María apareció junto a mí, y su luz y su calidez me calmaron de inmediato. Me dijo que había llevado a término todo lo que había venido a hacer aquí, que había completado todas las transformaciones personales que me había marcado para esta vida; que las había completado mucho antes de lo esperado y que mi vida había terminado.

Todo esto me lo dijo con una gran serenidad y convicción, sin ningún dramatismo; pero yo estaba muy afectada, afligida por la noticia. Yo quería volver; ¡no estaba preparada para dejar la vida! Había que hacer algo. Le hablé de mi necesidad de estar aquí en el planeta en esta vida, y en este cuerpo, y del trabajo que todavía tenía que completar, y le pedí ayuda para regresar.

Ella me dijo que, una vez el anteproyecto de una vida se ha completado, la vida ha terminado para esa persona, que nadie puede estar en el plano terrestre sin un anteproyecto activo. Cada persona que viene al plano terrestre crea un anteproyecto energético para sí misma antes de entrar en este mundo. Este anteproyecto contiene todo aquello que la persona pretende conseguir en su interior durante esta vida. Para que yo pudiera volver a mi cuerpo y pudiera continuar con mi vida tendría que crear un nuevo anteproyecto para mí misma en esta vida.

Accedí a crear un nuevo anteproyecto. María me sostuvo en sus brazos, y yo me sentí como un bebé recién nacido. Me sostuvo con mucho amor, mientras yo me abría a la energía para crear mi nuevo anteproyecto. Y, mientras lo creaba, sentí llenarme con la luz y la compasión de María. Sentí que una nueva fuerza vital se iba infundiendo en mí, y sentí una nueva energía abriéndose paso a través de mi consciencia. El nuevo anteproyecto estaba completado, y yo me encontraba en un profundo estado de unión con la Virgen María. Entonces me dijo que podía volver a entrar en mi cuerpo físico y que podía ponerme las manos en el pecho. Regresé a mi cuerpo y me puse las manos en el pecho, y sentí cómo la fuerza vital recorría todas las células a medida que mi cuerpo volvía a la vida. Fue un gran alivio sentirme de nuevo en mi cuerpo y en la existencia. Me sentía muy agradecida por mi vida, por la alegría de estar viva. Nunca me había dado cuenta de hasta qué punto necesitaba estar aquí, y lo importante que era para mí estar en el plano terrestre en estos momentos. Todos los días siento la misma gratitud que sentí en aquel momento, cuando volví a mi cuerpo; otra ocasión para estar aquí y para vivir de un modo más consciente.

Dos días después, mientras estaba trabajando, la Virgen María se me apareció de nuevo. Extendió las manos hacia mí, y sentí cómo su energía fluía desde Ella hasta mí. Me sentí rebosar de amor y de paz, pero al mismo tiempo percibí como un ajuste de energía dentro de mi cuerpo, como si de pronto pudiera respirar de verdad, desde la experiencia de dos días atrás. María me sostuvo con su amor, y luego desapareció. Volvió a aparecer en los dos días posteriores, de forma consecutiva, haciendo lo mismo en cada ocasión, transmitiéndome luz para luego desaparecer. Y en cada ocasión sentí como si otro nivel de energía se integrara a través de mis células, aunque emocionalmente estuviera aún recuperándome de la experiencia.

Pasaron los meses y me alejé hasta tal punto de mi experiencia que ya ni siquiera era consciente de haberla tenido en absoluto. Era como si nunca hubiera tenido lugar. Entonces, un día, una amiga íntima a la que le había contado esta experiencia reconectó conmigo. Lo primero que me preguntó fue: «¿Cómo te ha ido desde aquella experiencia de muerte?». Yo me quedé muy sorprendida con sus palabras, que me devolvieron a aquella experiencia como si acabara de suceder. Mi mente se sumió en el pánico, mientras revivía el momento en que había dejado de estar viva. Entonces me di cuenta de lo traumático que había sido aquello. Me puse a reexaminar con delicadeza los sentimientos que había tenido en aquellos momentos, y me permití sentirlos en profundidad. Y, cuando lo hice, empecé a comprender la importancia de mi experiencia de muerte. Fui capaz de sentir la vulnerabilidad que se apoderó de mí cuando mi corazón se expandió con María. Fue entonces, cuando Ella me sostuvo en sus brazos, cuando di a luz a mi nuevo anteproyecto, cuando me introduje en el lugar más profundo de mi corazón. Yo había creado el anteproyecto mediante mi corazón Sagrado, el lugar más expandido dentro de mi corazón; y, en aquel momento, me había trasladado a otro lugar dentro de mí misma.

¿Qué parte de mí decidió crearlo? ¿Qué creé en mi nuevo anteproyecto? Me abrí para volver a visitar la experiencia al completo, cosa que no fue fácil, por la extrema vulnerabilidad que sentía durante la creación de mi anteproyecto. De inmediato, supe que este implicaba una apertura expandida de mi corazón Sagrado. Tanto mi luz como mi consciencia eran capaces de introducirse por esta abertura de mi corazón en aquel momento, y yo empecé a experimentar una mayor profundidad de conexión con todos los niveles de la consciencia.

Y, mientras hacía esto, pude abrirme a la información que había estado esperando a que yo fuera capaz de recibirla. Me abrí conscientemente a mi corazón y dije: «Sí, estoy preparada para abrirme a esta verdad en mi experiencia. ¡Estoy preparada para sentir!».

Cuando me volví a abrir conscientemente a la experiencia pude ver una brillante luz azul expandiéndose en mi cuerpo físico, efervescente en forma y llena de luces con forma de diamante. Estas formas llenaron mi cuerpo y, mientras entraban, hubo una mezcla de energías a través de mí. Esta mezcla generó profundas conexiones energéticas con los aspectos multidimensionales de mi Yo.

En este momento, mi Yo consciente renació en mi forma, y me alineó interiormente con una verdad y una comprensión profundas de mi nueva misión, la misión que tendría para el resto de mi vida, con los detalles de mi nuevo anteproyecto. Mi corazón comenzó a conectar conscientemente con la energía de mi misión. Se me había dado una reconexión más profunda con el aspecto amoroso, con el singular aspecto divino de mí misma. Sentí una profunda gracia en aquel momento.

Me abrí conscientemente a mi transformación y a la verdad de todo lo que soy ahora, de todo aquello a lo que había dicho sí. Era como reivindicarme conscientemente a mí misma en ese momento, y mi experiencia comenzó a consolidarse a través del cuerpo espiritual, del físico y del emocional. Comencé a comprender por qué había necesitado aquel tiempo para asumir aquella experiencia de muerte en mi consciencia. La profunda vulnerabilidad que se había abierto durante la experiencia era demasiado grande para poder aceptarla y para poder soportarla. Yo necesitaba un tiempo para procesar la profundidad de aquella experiencia y para permitirme digerir los cambios energéticos en primer lugar.

Ahora sé que esta nueva vulnerabilidad generó una gran fortaleza dentro de mí. Me abrió el corazón a otro nivel de compasión, y me proporcionó un acceso más profundo a la verdad universal y a la comprensión de esa verdad. Ahora, vivo cada día desde un nivel diferente de conciencia de la luz y siendo consciente de mi lugar dentro de todo eso, trabajando con esta consciencia como parte real de la Unidad, del todo. Todo mi mundo se ha transformado para mí, y sigue abriéndose más cada día.

Exactamente un año después de que tuviera lugar esta experiencia me encontraba de nuevo en Bélgica, trabajando en un lugar que estaba a una hora de Banneux. Me sentí atraída de nuevo por aquel lugar sagrado, y pasé la tarde con la Virgen María en los muchos escenarios sagrados en los que se había aparecido. Y fue un regalo volver a este lugar y experimentar una vez más su amorosa presencia y su energía, mientras recorría las diferentes zonas de Banneux. Ella estuvo muy cerca de mí durante aquella semana, cuando estaba celebrando el aniversario de mi experiencia de muerte; aunque, en realidad, para ser más precisa, debería decir de mi experiencia de nueva vida.

Actualmente, me resulta asombroso el hecho poder estar tan alineada con la Consciencia Universal, formando parte de ella en un nivel completamente nuevo; moverme por el mundo con mi corazón resucitado; y sentir la profundidad de todas las cosas. Mi gratitud se acrecienta día a día, a medida que sigo desarrollándome.

Continúo mi viaje cotidiano, comprometida con cada instante de la vida, sabiendo que la vida es en verdad la maestra, y que puedo relajarme porque se me está mostrando la verdad a cada momento. Realmente, en estos momentos vivo la vida con gran alborozo y con una profunda gratitud.

¡Así sea!

Trabajando con el niño o la niña interior[3]

Quiero llamarte la atención sobre un aspecto importante de ti que convendrá abordar a medida que te introduzcas en los capítulos pleyadianos de este libro. Has de saber que, con el fin de que te puedas abrir a este nuevo nivel de ti mismo, vas a tener que trabajar con tu niño interior. No vas a poder llevar a término tu viaje hacia el Yo si no desarrollas una conexión consciente con tu niño interior. La conexión con tu niño te va a suponer un gran apoyo en el viaje de tus iniciaciones con los pleyadianos. Y quiero hablarte del niño interior para que puedas abrirte o expandir la relación existente con el niño dentro de ti.

Algunos de vosotros tuvisteis una infancia sana y maravillosa; recibisteis amor y cariño. Pero muchos de vosotros tuvisteis dificultades en vuestra infancia, quizás con sucesos ciertamente traumáticos o incluso con malos tratos y abusos. El tipo de infancia que tuvisteis es irrelevante. Lo verdaderamente importante es que conectes con tu niño interior y/o expandas la conexión que ya tienes. Necesitas la energía de ese niño en tu vida, y ese niño necesita conectarse contigo.

Nadie ha tenido una infancia perfecta; siempre hay sucesos y experiencias que te afectan, y algunas de esas cosas te deben de seguir

---

3. *Working with the inner child*, en el original inglés. En inglés, *child* sirve igual para «niño» que para «niña». Aquí, y a lo largo del texto posterior, hemos utilizado indistintamente «niño» o «niña», entendiendo que el lector varón deberá entenderlo como «niño» y la lectora deberá entenderlo como «niña» en su caso. *(N. del T.)*

afectando hoy en día. Hay desencadenantes de aquella época de tu infancia que siguen operando en tu vida cotidiana como persona adulta, en tus relaciones personales, en la forma en la que educas a tus propios hijos y en la manera en la que interactúas con otras personas.

El motivo por el cual es tan importante tener una relación con tu niño o niña interior en estas iniciaciones es que, a medida que te abras a estas energías iniciadoras, comenzarás a transformarte. Empezarás a salir de la separación, alineándote de una forma más completa con tu Yo luminoso, que poco a poco te irá poniendo en tu lugar dentro de la Consciencia Universal y de la Unidad. Y no vas a poder situarte plenamente en tu lugar en estos espacios en tanto estés separado de tu niño interior. Para ello, tendrá que haber una sanación, una reunión entre tú y tu niño interior.

Descubrirás que, a medida que tu relación con tu niño se profundiza, os fundiréis el uno en el otro y, juntos, iréis atravesando cada proceso de iniciación. El niño tiene una inocencia y una pureza tales que serán de gran ayuda para ti en tu viaje a casa, en tu regreso a ti mismo. No puedo resaltar lo suficiente lo importantísimo que es.

Estaré eternamente agradecida a mis niñas interiores por el coraje que tuvieron, por haber soportado tanto dolor de mi pasado. En la actualidad, ellas me muestran un nuevo mundo con su inocencia, su alegría y su amor. Llegó un momento en que me di cuenta de que necesitaba este aspecto de mí misma. Mi vida adquirió un mayor equilibrio, y me permitió conectar con más fuerza con el amor que existe aquí, en este Universo. Me permitió no sentirme sola en este planeta.

Cuando te realinees con tu niño interior descubrirás que tu mundo fluye con más facilidad, y que ves con más claridad lo que está ocurriendo a tu alrededor y cómo te sientes. Te sentirás más completo, más relajado, más íntegro.

Vamos a hablar del proceso de la infancia: cómo piensa y cómo opera el niño en el mundo.

Siendo niños pensamos que tenemos el control, que somos los responsables de todo lo que ocurre a nuestro alrededor y de todo lo que nos ocurre. Es lo que yo llamo «pensamiento mágico». El motivo por el cual los niños piensan de este modo es que en realidad los niños son absolutamente vulnerables, dependen por completo de los adultos que les rodean para que cuiden de ellos y les den amor. Así pues, el niño piensa de este modo, piensa que tiene el control, cuando en realidad no tiene ningún control. Todos los niños necesitan amor; y, en su búsqueda de amor, no tardan en descubrir qué tienen que hacer y cómo tienen que actuar para conseguir ese amor.

En una relación sana con los progenitores esto no supone un problema. Pero, en una relación malsana, como niños que somos, aprendemos a hacer lo que haga falta para conseguir ese amor. Si no conseguimos amor, pensamos: «Será que no soy suficientemente bueno», o «Debe haber algo defectuoso en mí».

Si los padres se pelean, si los padres siempre están enfadados, si los padres se separan o si los padres maltratan al niño, el niño siente «Si yo fuera suficientemente bueno, esto no habría ocurrido», o «Es por mi culpa». El niño personaliza lo que está ocurriendo a su alrededor. El niño se siente responsable y, con ello, siente también que tiene el control. Es más seguro sentirse con el control que sentirse indefenso, porque sentirse indefenso genera mucho dolor. No puedes sobrevivir desde la indefensión; de modo que, para sobrevivir, el niño asume la plena responsabilidad por todo lo que ocurre. El niño se siente responsable del enfado, de la tristeza o de los malos tratos del padre o la madre. Y esa responsabilidad genera a su vez una culpabilidad o una vergüenza increíbles, o bien el niño termina detestándose a sí mismo.

Y cuando nos convertimos en adultos llevamos con nosotros estos problemas de la infancia, encerrados dentro de nuestro niño interior, afectando a nuestra vida y a nuestras relaciones con los demás. Puede ser que nos aislemos, no dejando que entren otras personas en nuestro espacio personal. Nos aseguramos de estar solos, y seguros. O quizás iniciemos una relación con alguien que nos maltrata, que no nos aporta el amor que necesitamos. O quizás seamos nosotros los maltratadores en la relación. Quizás recreemos los malos tratos físicos en nuestra relación, o puede que incluso nos maltratemos nosotros mismos. Tenemos la tendencia a modelar nuestras relaciones adultas sobre la base de lo que sucedió en nuestra relación con nuestros padres o cuidadores, a menos que obtengamos ayuda para romper el ciclo.

Tu pasado también afectará al modo en que cuidas de ti mismo ahora, al cuánto te permites tener en lo relativo al confort físico y a qué te proporcionas a ti mismo en lo relativo a descanso y relajación: cómo alimentas y nutres tu cuerpo físico. Parte del dolor se puede expresar exigiéndote a ti mismo constantemente: siempre trabajando, no concediéndote nunca tiempo para descansar, sin darte jamás ninguna atención amorosa. Te afectará en el modo en que recibes amor y en el modo en que te permites estar en el mundo.

Cada uno de nosotros tiene un niño dentro, y depende de nosotros el meterse dentro y conectar con ese niño. Cuando lo hagas, tu niño o niña dará un paso adelante y saldrá a tu encuentro. Esto es algo que puedes hacer, pues significa resucitar una parte perdida de ti mismo.

Vamos a hablar de otro proceso que tiene lugar cuando hay muchos malos tratos y/o un trauma en tus años de infancia. Cuando el dolor y el miedo son demasiado grandes como para abordarlos mientras somos niños, el niño se escinde, se separa en dos. Una parte del niño soporta el dolor y la experiencia de miedo, para que la otra parte del niño pueda sobrevivir. Algunos de nosotros, como adultos, tenemos más de una parte infantil. Con el fin de sanarlas y de reunir esas partes infantiles que soportan los traumas del pasado, tienes que ser capaz de abrirte y de acceder al niño que está soportando el recuerdo de aquella época. Deja que esa parte infantil sea capaz de sentir las emociones que tienen relación con esos incidentes del pasado.

Yo llamo a esto resucitar al niño porque, mientras esta parte infantil siga soportando ese dolor, seguirá ocultándose en lo más profundo de ti. La única realidad que tiene esa parte infantil dentro de ti es la del pasado, de ahí que viva sumida en el miedo, y que el tiempo la haya congelado hasta el punto de no ser consciente de que tú eres ahora una persona adulta y de que tu vida ha cambiado. Los únicos momentos en que experimentas a esta parte infantil interior es cuando tiene lugar un incidente en tu vida que refleje algún aspecto de la época en la que tuvo lugar el trauma, durante la infancia. Puede ser un olor, una música o el sonido de una voz; puede ser una persona que te recuerda a alguien que tuvo algo que ver con tu trauma; o puede ser una emoción similar que aparece dentro de ti y que es un reflejo de tu trauma del pasado.

Lo primero que tienes que comprender cuando te diriges hacia ese niño en crisis es que lo único importante para la sanación es moverse hacia el sentimiento, acceder al sentimiento del niño dentro de ti. Para ello, lo primero que tienes que hacer es cultivar la confianza entre el niño o la niña y tú. Pero solo confiará en ti si estás dispuesto a ser constante con ese niño, cumpliendo con tus promesas y dedicándole un poco de tiempo cada día, quizás diez minutos para comenzar, para que puedas establecer una conexión y una relación con él.

Para empezar, basta con que charles con tu niño interior, que le expliques que quieres reconectar con él y que le pidas que venga y que esté un rato contigo. Pasear por la naturaleza, compartir las flores con tu niño, los pájaros, mirar al cielo... todas estas cosas constituyen un buen modo de conectar con tu niño. Dibujar también es una buena vía para que el niño conecte contigo. Déjale que elija los colores de los lápices o ceras y que dibuje; deja que el niño tenga una vía para expresarse. Él te responderá; solo tienes que ser constante y paciente.

A medida que vayas haciendo estas cosas, el niño saldrá a la superficie y, cuando empiece a encaminarse hacia ti, podrás entrar en la siguiente fase, la de sostener en los brazos a ese niño. Cuando lo hagas, comenzarás a conectar con los sentimientos que hay ahí. Algunos de estos sentimientos serán profundos. Permítete sentirlos, y recuérdale al niño que lo que está haciendo es recordar y sentir algo que ocurrió hace mucho tiempo, y que ahora está a salvo contigo. Simplemente, sostén entre tus brazos a esa parte infantil y deja que los sentimientos vayan saliendo a la superficie.

Un paso previo muy importante estriba en hacerle saber al niño que el tiempo ha pasado, que ya no eres un niño, y que, como persona adulta que eres, puedes proteger a este niño interior. Utiliza ejemplos, como explicarle dónde vives ahora y qué diferencias existen entre tu actual entorno y el entorno en el que vivías en el pasado. Hazle saber que no dejarás que nadie le haga daño de nuevo, y que estará a salvo contigo.

Éste es un importante paso curativo, pues inicia la resurrección de una parte interior de ti, y entonces puedes recordar y resucitar partes de ti mismo. A partir de aquí, comienzas a moverte en un tipo diferente de totalidad. A medida que esta totalidad se desarrolle y se profundice, tu vida se verá imbuida de una nueva sensación de alegría y ligereza. Para aquéllos de vosotros que hayáis sufrido malos tratos graves en vuestra infancia es probable que este proceso precise del apoyo de un terapeuta; y esto porque, a medida que emerjan a la superficie los recuerdos, vais a necesitar un proceso más profundo que el anteriormente mencionado. Conforme el trauma del pasado comience a emerger, irán apareciendo capas y más capas con las que tendréis que trabajar. En mi caso, no encontré otra forma de abrirme paso por mí misma a través de las ingentes cantidades de dolor y de terror que habían quedado encerradas en mi interior.

La resurrección de las partes infantiles es muy importante, porque das de este modo fin a la separación y la escisión que existe dentro de ti. Es una parte del trabajo que estamos haciendo en este libro. En tu despertar espiritual, se supone que estás finalizando con toda separación, que estás congregando los aspectos luminosos de tu Yo. Cada paso que des con este niño o esta niña será de gran ayuda en las distintas fases de tus iniciaciones en cada capítulo.

La iniciación pleyadiana

Ha llegado el momento de entrar en las iniciaciones pleyadianas de este libro. Los capítulos son acumulativos; cada uno de ellos se construye sobre la base del anterior; motivo por el cual te aconsejo que trabajes capítulo a capítulo.

Que tengas un buen viaje. Cada uno de vosotros merece todos mis respetos por emprender este revelador viaje por decisión propia.

Mensaje de los pleyadianos

Querido mío, estamos aquí para ayudarte a realinearte con tu Yo natural. Durante muchas vidas has estado separado del todo, pero ha llegado el momento de que vuelvas a casa, de que vuelvas y tomes tu lugar dentro del todo. Se te necesita; se te echa de menos. Despertar está ahora en tus manos, despertar en tu singular aspecto del todo divino, tomar tu lugar.

Hemos diseñado este libro para iniciarte energéticamente, para que puedas realinearte con el Yo. Nos hemos comprometido a ayudarte, manteniendo abiertos espacios energéticos dimensionales mientras te das a luz, para que recuerdes la Verdad Universal y te alinees con ella, apartándote de las ilusiones tridimensionales, para que te resucites y te realinees con la realidad cuatri/quintidimensional. Ha llegado el momento de realinearse, tanto para ti como para el planeta. Son unos tiempos excitantes y maravillosos en los cuales despertar, tiempos para recordar. Es el proceso mediante el cual te vas a traer de vuelta al recuerdo del Yo. ¡Ésa es la razón para llamarle despertar!

Este despertar está siendo asistido por una nueva energía que recientemente se ha anclado y se está activando en este plano terrestre. Comenzó su transmisión el 1 de enero de 2009. Se conoce como la «Profecía de Autosanación». Desde siempre estuvo previsto anclar la energía de esta profecía en vuestro planeta en estos tiempos, dado que el momento está alineado a la perfección para facilitar el ajuste con la transición energética que está teniendo lugar en vuestro planeta. Nosotros, los pleyadianos, tenemos un papel que cumplir en el anclaje de los múltiples niveles de esta energía despertadora. Los nuevos niveles se irán anclando a medida que vayáis estando preparados para recibirlos. Comprended que hay muchas capas dimensionales en las energías de la profecía, que se transmitirán al plano terrestre en diferentes niveles, a medida que estéis preparados para recibirlas. Las energías de la profecía son para ti, individualmente, y también para la Consciencia Colectiva de tu planeta. Aquí hay que incluir a las energías de la misma Tierra, puesto que van a afectar a la red energética que envuelve la Tierra.

¿En qué consiste esta energía y para qué está aquí?

La energía de la profecía es un don que se os ha dado a todos los seres humanos para ayudaros en ese despertar acelerado del recuerdo de la Verdad en vosotros mismos. Se ha diseñado para llevaros a un estado de «remembranza»: recordaros quiénes sois en vuestro yo espiritual y vuestro lugar en la Consciencia Colectiva de las esferas universales.

La energía de la Profecía de Autosanación os ayudará a entrar en sintonía más profunda con vuestro Yo, en conexión con vuestros aspectos superiores. Se trata de un período de gracia que se os ha dado a todos en estos tiempos, y se ha activado ahora para que genere un enorme cambio en la «consciencia» de vuestro planeta en estos momentos. Esto significa que las energías de la profecía van a levantar los velos que penden sobre este planeta desde hace muchas vidas. Al levantarse estos velos seréis capaces de despertar a nivel espiritual a un ritmo acelerado, y os realinearéis con toda la fuerza vital que hay en el Universo. Estaréis conectados conscientemente, más conscientes de la fuerza vital que existe en vuestro interior y con la fuerza vital que existe en cada persona. Esto os llevará a una experiencia de Unidad con todas las cosas, y empezaréis a recordar vuestro lugar dentro de la Unidad.

La Profecía de Autosanación te ayudará a acceder y a abrirte a tu conciencia de los diferentes reinos dimensionales que existen. Esto te permitirá poner en marcha un proceso de realineamiento con los aspectos de tu Yo multidimensional, reconectándote a estos aspectos e iniciándote en ellos. A medida que comiences a abrirte a esta reconexión consciente serás capaz de realinearte con tu poder personal y de reclamarlo, así como de integrar esta energía en las células de tu cuerpo. Podrás utilizar estos conocimientos y esta energía en esta vida, ahora.

La Profecía de Autosanación anclará niveles dimensionales más profundos de sí misma a medida que nos introduzcamos en el marco temporal de los años 2010-2012.

¿De qué modo está diseñada la energía de la profecía para que te permita conseguir hacer lo que viniste a hacer aquí, en esta vida? ¿De qué modo puede ayudarte ahora en tu existencia? Vamos a hablar de la energía de esta profecía y de cómo se supone que trabaja dentro de tu sociedad y en tu interior, como individuo.

Una de las principales tareas de la Profecía de Autosanación consiste en terminar con la separación en el plano terrestre. Dado que esta energía devolverá a tu conciencia la experiencia directa de la Unidad, podrás vivir conscientemente la experiencia de la Unidad aquí, en el plano terrestre, con todas las demás personas y con todos los seres vivos. La sanación de la separación comienza con las personas a nivel individual, terminando primero con la separación en su interior.

En lo individual, se te está pidiendo ahora que mires dentro de ti, y que te abras a todos los juicios personales que tengas con respecto a ti mismo, a esos factores separadores que mantienen cerrado tu corazón y que no te permiten recibir y florecer. Se trata de un castigo autoimpuesto a través de los juicios con los que te maltratas a ti mismo, juicios que generan dolor emocional y físico dentro de ti. Es hora de que te vuelvas hacia ti mismo, de que te trates con amor, de que simplemente respires y te dejes llevar. Trátate con amor y con compasión por la vida que has llevado hasta estos momentos. Has hecho las cosas lo mejor que podías en cada momento. Has venido aquí, a este mundo, para tener todo tipo de experiencias, y los errores son parte importante de estas experiencias.

Comenzarás a comprender las experiencias de aprendizaje que has recibido cuando vivas tu historia. Nosotros nos referimos a tu vida como tu «historia» porque eso es lo que es, una historia que te ha traído hasta lo que eres en estos momentos. Pero llega un día en que hay que desprenderse de esa historia; porque, cuando te desprendes de tu historia, das pasos importantes y poderosos.

Todos tenéis una historia, todos habéis tenido experiencias dolorosas que vivir, y no hay nadie que haya tenido más que otra persona. Experiencias diferentes, sí, pero no más experiencias. Te ha llegado el momento de desprenderte de tu historia y de seguir adelante, hacia ti mismo, hacia el amor y la compasión por ti.

Los juicios contra uno mismo se interponen en el camino del amor por uno mismo. En la medida que te juzgas a ti mismo juzgas automáticamente a los demás, y te cierras al amor. Estallan las guerras internas, guerras energéticas que te cierran aún más al amor, levantando murallas, ignorando a los demás y alejándote del amor. Esto genera una sensación de separación, de soledad y de desesperación.

Es hora de derribar las barreras para que puedas recibir las energías de la Profecía de Autosanación, para que puedas recibir este don de ti mismo, este don del amor.

Lo primero que tienes que hacer es celebrar la vida que has vivido hasta este momento y volverte hacia ti mismo con amor, sustentando tu corazón e inspirando en tu interior todo esto. Mantén tu vida en tu consciencia, tal como la has vivido, y respira. La has vivido del modo en que necesitabas vivirla. Cuando te vuelvas hacia ti mismo con amor, celebrando todas las experiencias de tu vida, empezarás a salir de la separación de ti mismo y a entrar en una nueva sintonía con tu corazón. No dejes de sustentarte a ti mismo y de sustentar tu vida con amor, y respirando. Sé paciente. Tómate tu tiempo. Y, luego, suelta.

A medida que las murallas comiencen a derrumbarse podrás ir utilizando la energía de esta profecía, alineándote con aspectos de tu derecho natural de nacimiento, que es la abundancia en todos los niveles. Te permitirá trabajar con tu estado natural de autosanación física, y te permitirá hacerte consciente en la creación conjunta de tu mundo y de tu abundancia en todos los niveles.

Te alinearás con los aspectos superiores de la luz de tu Yo, resucitándote desde los juicios contra ti mismo y abriéndote a un nuevo sentido de libertad en tu vida y en tu yo. La energía de la profecía está diseñada para despertarte a una novedosa ligereza de espíritu y a un nuevo sentido de ti mismo dentro del mundo y dentro de la Consciencia Universal.

La profecía favorecerá en ti una nueva conciencia de tu papel en este planeta y del apoyo que existe en el Universo para ti. A medida que tomes conciencia de la verdad de tu alineamiento y de tu lugar dentro de la Consciencia Universal podrás abrirte a los aspectos ilimitados del Yo que te permitirán conocer y comprender profundamente tu lugar dentro del todo. Las energías te harán profundizar en un estado de Unidad, te harán volver a la verdad de ti mismo y al amor incondicional que existe dentro de esta conexión.

En la medida en que te abras a esta verdad, el amor generará una apertura hacia todas las personas de tu mundo. Tu corazón se transformará con estas nuevas energías, y tú comenzarás a trabajar desde tu corazón Sagrado. Tu corazón compasivo comenzará a transmitir el amor hacia el exterior. Sentirás una verdadera conexión con las demás personas a través del corazón. Y estas conexiones cordiales son importantes. Son necesarias para el despertar de todos los seres humanos, para las conexiones anímicas y para que los grupos del alma se congreguen. Las energías de la profecía ayudarán a los grupos del alma a encontrarse entre sí. La energía de la profecía también está diseñada para que te alinees con las energías espirituales de un modo novedoso, con una conexión más profunda y consciente, para que puedas trabajar en asociación con el Espíritu y con las esferas energéticas. El Espíritu te ayudará a realinearte con tu anteproyecto energético, que creaste tú mismo antes de venir a este planeta. Ese anteproyecto es tu misión.

A medida que remita la guerra interior contigo mismo, también remitirán las guerras interiores con las demás personas de tu vida. La separación concluye, y el amor ocupa su lugar. Tu mundo se va a transformar con este amor consciente y creciente.

A medida que el amor por ti mismo y por los demás comience a crecer, el Espíritu comenzará a tomar tu lugar y a sentir tu lugar dentro de tu mundo, dentro de tu Universo, y será capaz de utilizar conscientemente la ayuda y el apoyo que existen para ti.

Nosotros, los pleyadianos, llevaremos a cabo un importante papel con vosotros cuando comencéis a trabajar con la energía de la Profecía de Autosanación. Este libro alberga muchos de los viajes iniciáticos que te permitirán alinearte con la profecía. Nos comprometemos a trabajar contigo en tu recorrido, si tú nos lo permites.

Ésta es una llamada del destino para ti. Desde siempre estuvo previsto que emprenderías este viaje, y desde siempre estuvo previsto que nosotros estaríamos ahí para ayudarte. Éste es nuestro contrato; es un contrato de amor. Este libro contiene las frecuencias curativas de la «Profecía de Auto-sanación», la cual potenciará tus energías de despertar a fin de que puedas avanzar hacia la Unidad y hacia tu lugar dentro de la matriz universal con una mayor facilidad. Queda en tus manos recurrir a nosotros si en algún momento deseas nuestra ayuda durante el proceso. Respetamos profunda-mente tu proceso individual, así como tu derecho a llevar tu viaje tal como consideres oportuno, instante a instante, paso a paso.

Susténtate en el amor mientras das estos pasos.

CON AMOR Y BENDICIONES
LOS PLEYADIANOS

Capítulo 1

Conectando con el corazón

Será a través del corazón como te irás alineando con las directrices de tu Yo y con la luz de tu Yo. Y será a través del corazón como establecerás conexión con las directrices para tu viaje. Este capítulo está diseñado para conectarte con tu corazón y con su energía, y, lo más importante, con el flujo de luz del Yo. Este flujo te conecta con la Consciencia Universal y con tu lugar dentro de ella.

Vas a comenzar a establecer una nueva relación con tu corazón. Hasta este momento, la mayor parte de nuestras conexiones las hemos realizado con la mente. Tu mente egoica ha dirigido tu vida, controlando cada una de tus acciones. Pero el problema implícito aquí es que la mente egoica está increíblemente limitada; su única motivación estriba en mantenerte en modo *supervivencia*. Y, cuando estás en modo supervivencia, la única motivación relacionada con la toma de decisiones viene del miedo, la carencia y la lucha, y estas motivaciones están íntimamente conectadas con la ilusión de la realidad tridimensional. No existe una verdadera creatividad ni una verdadera libertad en esta conexión, de ahí que la mente egoica te mantenga en un ciclo de limitación y estancamiento.

Cuando escuchas a la mente no puedes conectar con las directrices de la luz del Yo. Esto significa que, para que puedas moverte libremente en esa conexión con el corazón, no te puedes permitir el lujo de que tu mente egoica controle todos tus movimientos y tome las decisiones. El ego es como un niño pequeño, al que hay que disciplinar y poner límites. No reconoce la verdad; no comprende la verdad. La mente egoica se basa totalmente en el miedo, y te alejará de todo aquello que se le antoje arriesgado, de modo que siempre estarás limitado en tu capacidad para crear.

Para alinearte con la verdad tienes que estar conectado con el corazón, que está alineado a su vez con la luz del Yo. Para poder avanzar en tu sendero tienes que estar preparado para confiar en tu corazón y fluir. Puedes confiar en que el corazón te llevará adonde necesitas ir, porque el corazón está directamente conectado con la luz del Yo. Cuando conectas con el corazón y vives a través del corazón pasas automáticamente a recibir todo tipo de atenciones en todo momento, por cuanto estás siendo guiado por la luz de tu Yo superior. Puedes confiar en que esta guía cuidará de ti. ¡Y lo que esto supone en realidad es que recuperas tu poder!

La conexión con el corazón te introduce en un lugar de sentimiento, y el sentimiento genera la sanación a nivel físico, a nivel emocional y a nivel espiritual. En la medida en que empiezas a sentir lo que hay en tu corazón empiezas a entrar en el instante presente, preguntándote: «*¿Qué estoy sintiendo ahora?*». A medida que los sentimientos emergen y el corazón empieza a expandirse ganas en vitalidad y te conectas aún más con el corazón.

Los sentimientos son la clave de la mayoría de tus experiencias. Si estás dispuesto a abrirte al sentimiento mientras la experiencia está teniendo lugar, y luego respiras profundamente, descubrirás que la experiencia en sí misma pierde intensidad por el mero hecho de que tú estás conectado con el sentimiento. Cuando conectas con el corazón experimentas la claridad del momento, así como una nueva comprensión.

De modo que detente y tómate un respiro en tu corazón cuando te encuentres en una situación difícil. Ralentízate. Tómate unos instantes para estar presente contigo mismo. Cuando surja una situación difícil, no te abandones. Respira y siente.

A medida que conectes y que te liberes del dolor emocional que has albergado en tu corazón podrás conectar de un modo más completo con la *alegría* interior, que es parte de lo que tú eres. Cuando reprimes el dolor, reprimes automáticamente la alegría. Tú has venido a este mundo para experimentar la alegría y las maravillas de este plano terrestre, para conectar con otros seres humanos a través del corazón y para experimentar una unión sagrada con todos los seres vivos. Tu corazón necesita revivir con el fin de tener todas estas experiencias. Y esto es lo que significa estar vivo: sentirse parte, y ser parte, de toda la fuerza vital, y experimentar una verdadera pasión.

Vivir de verdad es *sentir*, sentir y respirar a través del corazón, conectando naturalmente con la luz del Yo, tomando tu lugar y permitiéndote sustentarte en la verdad y el amor, dentro de tu lugar en la Consciencia Universal. Cuando tu corazón se abre es cuando te capacitas para recibir plenamente, y entonces puedes abrirte a tu derecho natural de nacimiento, a tu derecho a la abundancia en todos los niveles.

Una vez te encuentras en el flujo natural de tu propia luz cambia todo en tu vida cotidiana. Ya no hay forcejeos ni luchas, y tú te mueves libremente en tu vida diaria. Hay una sensación interna de calma. Es casi como si hubieras estado nadando río arriba, contra corriente, y de pronto te sintieras libre para dejarte llevar por la corriente, sin esfuerzos. Este cambio significa que estás entrando en tu flujo natural de la luz del Yo, que estás conectando con un aspecto amoroso natural de ti mismo.

Cómo cultivar el músculo del corazón

Los seres humanos dicen que quieren recordar: conocer su sendero y averiguar por qué están aquí y cuál es su misión en esta vida. *¿Qué estoy haciendo aquí? ¿Qué propósito tiene mi vida?*

Para dar realmente con las respuestas a estas preguntas vas a tener que cambiar el *dónde* buscar directrices en tu vida y dónde conectas para recibir esas respuestas. Entonces podrás recibir la verdad a tus preguntas. Entonces podrás alinearte con tu Yo en tu vida. Solo recibirás las respuestas a estas preguntas desde tu propio interior, y solo a través del corazón puedes acceder a estas respuestas. Es esencial que lleves tu atención hacia dentro.

El primer paso consiste en cambiar tu relación con la mente egoica y con el corazón.

El músculo del corazón es muy pequeño porque no has estado conectado con él. Veamos cómo te vas a abrir al corazón, expandiendo el músculo del corazón.

En primer lugar, toma conciencia de tu corazón físico. Para empezar, has de dedicar algún tiempo a sostener simplemente el corazón en la palma de la mano, y a respirar. Lleva tu consciencia a la sensación que te genera la presión de la mano, y su calidez, en tu cuerpo físico. Por consciencia quiero decir tomar conciencia, de modo que toda tu atención se sitúa en la experiencia física de la presión de la mano, en este mismo momento. Nada más; enfócate exclusivamente en la sensación de tu mano en el pecho. Y, en este mismo instante, inspira profundamente. Se trata de una acción poderosa. Te encuentras con *tu corazón* en el instante presente.

Quiero que comprendas el poder que existe en estar en el instante presente. Nos pasamos la vida pensando en lo que está por venir, o en lo que ha ocurrido en el pasado. Rara vez estamos en el instante presente.

Sin embargo, todo cuanto tenemos, todo cuanto es verdaderamente real, es este instante. Cuando optamos por estar conscientemente en el instante conectamos con nuestro poder, nos alineamos con el Yo, dejamos la separación. Conectamos con la claridad de la Verdad.

Es la mente egoica la que nos aleja de la experiencia del instante, preocupándose constantemente por el pasado o el futuro. El corazón solo nos abre en este instante, en el ahora; y, cuando conectamos con el corazón y respiramos, la respiración expande nuestra experiencia del instante, nuestra conexión con el corazón, con nuestra luz.

Así es como comienza:

Paso 1.   Llévate la mano al corazón físico.

Paso 2.   Lleva la consciencia a la presión de tu mano en el pecho.

Paso 3.   Respira; ábrete a *Éste es MI corazón.* Inspira profundamente.

Éste es mi corazón

Ábrete a la necesidad de este corazón, *tu* corazón. Solo hay que respirar suavemente, una inspiración profunda a través de la boca, y liberar simplemente el aliento, sin controlar su salida. Deja que el corazón se abra, liberando la energía con esta respiración. Puedes incluso soltar un suspiro o hacer algún sonido con la exhalación. A esto se le llama Respiración Consciente.

Tu corazón ha estado esperándote para esta conexión y este despertar. Reivindica tu corazón; reivindícate a ti mismo con cada respiración. Y, lo más importante, reivindica este instante, tu instante con la respiración.

Tu corazón tiene que resucitar. Ha llegado el momento de que tu corazón entre en un proceso de autorrealización, y esto solo puede ocurrir si reivindicas conscientemente tu corazón. Tu corazón se transformará; tú te transformarás. ¡Sí, TÚ!

Sé consciente de que la mente egoica se ha dedicado a mantenerte a salvo todo este tiempo, y de que ahora tiene que cambiar de ocupación. Hasta este momento has estado viviendo en modo supervivencia, pero a partir de ahora vas a vivir. La verdadera vida se lleva a cabo a través del corazón.

El ego todavía tiene un trabajo que hacer, pero su propósito ahora es ayudarte a ti a organizarlo todo en tu vida, indicando las tareas que llevar a cabo y manteniendo en orden todo lo tridimensional. Para esto es para lo único que necesitas al ego: para hacer tareas, no para dirigir tu vida. El ego va a tener que adaptarse a su nueva situación, y tú vas a tener que ser amoroso, paciente y compasivo con la mente egoica mientras realiza esta transición.

Cada vez que tu ego se preocupa o tiene miedo, intentando resolverlo todo o poniéndose sumamente dramático o ansioso, llévate simplemente la mano hasta el corazón físico, lleva la consciencia allí donde la mano sostiene el corazón y ponte a hacer Respiraciones Conscientes lentas y profundas. Lleva toda tu consciencia y toda tu atención al corazón. Experimentarás un cambio nítido en tus sentimientos. Te sentirás más en calma, con menos agitaciones. El drama se desvanecerá debido a que el drama no existe dentro del corazón. Tendrás la sensación de que las cosas están bien de un modo u otro. Quizás te venga incluso una solución al problema que tienes entre manos, algo que no habrías esperado pensar por ti mismo; una solución simple.

Cuando conectas a través del corazón, conectas con una fuente ilimitada de conocimiento y de comprensión universal, lo cual constituye un enlace natural con la luz del Yo. Se trata de una parte natural de ti, una parte que siempre has tenido. Pero ahora ha llegado el momento de que enlaces con este aspecto de ti mismo y de que utilices la ayuda que hay aquí para ti.

A medida que trabajes con el corazón y desarrolles este alineamiento con el Yo, crecerá y florecerá tu guía y tu conexión con el corazón, y vivirás cada vez más en el instante presente, sin ningún esfuerzo, en el flujo de luz del Yo. El corazón se autorrealizará, y con esto quiero decir que comenzará a hacer su trabajo del modo que siempre se supuso que tenía que hacerlo.

Las palabras *Hágase Tu voluntad* reflejan la verdad de este estado. A través del corazón te alineas con la luz del Yo, te sometes a tu viaje y permites que la luz del Yo te lleve a donde tienes que ir, a que hagas lo que tienes que hacer. Cada vez que pronuncias estas palabras, *Hágase Tu voluntad*, te alineas cada vez más con la luz del Yo, y te anclas en el flujo natural y en la corriente del río de la luz. Te dejas llevar y te consientes fluir con *tu* vida y tu viaje. Y en este flujo natural, en esa corriente de tu luz, te mueves sin ningún esfuerzo.

Capítulo 2

Soltar

Has estado en este plano terrestre durante muchas vidas, y durante un largo período de tiempo te has agarrado a muchas experiencias, a muchos conceptos e ideas, y a comportamientos socialmente esperados que te han mantenido bajo control. Pero todo esto te ha arrebatado tu poder personal. Evidentemente, tú mismo has entregado tu poder. En realidad, nadie podrá *quitártelo* jamás; pero, con el fin de ser amado y aceptado en entornos sociales o en la dinámica familiar, te adaptaste a lo que se esperaba de ti, y poco a poco te entregaste.

Cuando somos niños, aprendemos con rapidez a hacer lo que sea necesario para sobrevivir. Necesitamos amor, y la aprobación equivale al amor. Los niños son totalmente dependientes de quienes les cuidan en cuanto a protección, alimento y cuidados. Pero, como ya he dicho antes, seguimos viviendo de este modo hasta mucho tiempo después de haber dejado de ser niños. Llevamos este comportamiento aprendido hasta nuestra edad adulta, y seguimos representándolo en todas nuestras relaciones.

Pero llega un momento en que tenemos que reconocer nuestro comportamiento como adultos y tenemos que cambiar nuestra manera de conducirnos. Tenemos que comenzar por respetarnos, por amarnos y por ser pacientes y amables con nosotros mismos. Tenemos que ser amorosos, pacientes y compasivos con nosotros mismos mientras nos sanamos. Hace falta mucho coraje para decidirse a hacer las cosas de un modo diferente, porque nos da miedo abandonar la seguridad de los patrones con los que estamos familiarizados, por dolorosos que sean. ¡Es lo único que conocemos!

Empieza por tomar conciencia de que tienes derecho a ser amado y sustentado en tu vida. Ya es hora de que te sueltes y de que aceptes que todo está bien en ti. ¡En ti! Sí, en ti, tal como eres en este instante. No hay nada que tengas que cambiar en ti mismo para recibir este amor. Tienes derecho a ser amado y sustentado ya, *ahora*.

La verdad es que el amor y el apoyo están aquí para ti justo en este mismo instante. Lo único que tienes que hacer es acceder al amor y a la ayuda que hay aquí para ti. Aquí, en este mismo momento, hay una cantidad ingente de ayuda para ti, y en realidad ya no tienes que volver a hacer nada a solas. El esfuerzo puede cesar ya, *ahora*.

Esto forma parte de tu derecho natural de nacimiento a disfrutar de la abundancia en todos los niveles. Tú eres una parte importante del plan divino, y tú importas. Ésa es la verdad. *¡Tú importas!*

Quiero que hagas una respiración, que inspires por la boca y espires por la boca, ahora mismo, y suelta. Respira y suelta.

Has estado aguantando durante demasiado tiempo, tanto que ni siquiera te das cuenta de lo mucho que no respiras. Y, aguantando todo eso dentro, la energía de tus sentimientos se ha introducido en las células de tu cuerpo; la tensión, el dolor y el miedo se han metido en tus células. De modo que las células de tu organismo transportan esta energía de dolor, de miedo y tensión, y con cada situación de tu vida esta energía se acrecienta en tus células. Parte de este proceso consiste en soltar, desprenderse de esa acumulación en tus células, liberarte del dolor y del miedo. Deja que las células se liberen de esta carga, de la carga que llevas; ¡permítete ser libre!

Toma otra respiración profunda por la boca, y luego deja que el aliento salga también por la boca. Toda la tensión de las células comenzará a liberarse. Inspirar y espirar por la boca te va a liberar de la acumulación de estrés que llevas en las células. Si hay algún sonido que quiera salir junto con la respiración, deja que salga; forma parte de ese soltar. En ocasiones, una emoción puede querer salir con esa respiración, y no pasa nada con ello; está bien. Deja que salga. Es el momento. Es bueno *sentir* y *soltar*.

A medida que respiras y las células comienzan a desprenderse de la tensión del pasado, puede que empiece a nacer un nuevo aspecto de ti mismo. Puedes comenzar conectando con alguna otra parte de tu Yo. Este tipo de respiración dice: «Sí, estoy dispuesto a soltar. Sí, estoy dispuesto a recibir mi luz y a conectar con mi luz».

Cada vez que respires de esta manera se soltará otro nivel de ti, de modo que respira y suelta, respira y suelta. Recuerda: a esto se le llama Respiración Consciente. Así es como comienzas a optar conscientemente por el cambio, a optar por darte a luz. Cada respiración dice: «Me abro a este derecho de nacimiento ahora». Con cada respiración estás activando este proceso de cambio en ti. Simplemente, suelta con la respiración, y ábrete para recibir lo que te pertenece de forma natural.

Esto me recuerda el viaje que hice para pasar de la muerte a la vida. Con cada Respiración Consciente yo optaba por la vida. Opté por liberarme. Así pues, respira; opta por la vida. Con la respiración, optas por el amor. La Respiración Consciente es un acto amoroso que tú te das a ti mismo en cada momento. Tú puedes hacerlo. Tienes derecho a estar vivo, a ser amado y a liberarte de las múltiples cargas que acarreas.

El mero hecho de leer estas líneas justo ahora puede evocar ciertas sensaciones o emociones. Muchos de vosotros habéis estado solos durante mucho tiempo, buscando algo que le diera sentido a vuestra vida. Habéis estado esforzándoos por comprender con la mente qué puede ser eso que le aporte significado a vuestra vida, intentando comprender cómo funciona la vida y cómo alejarte de los ciclos de tu vida que no te llevan a ninguna parte.

Y hay veces en que el dolor que se genera al estar tan separados y perdidos es ciertamente intolerable. El sentimiento de separación es la falta de conexión contigo mismo, con el Yo. Lo único que deseas es que cese toda lucha, todo miedo, todo dolor. Has estado en esta separación desde hace muchas vidas, y ahora se nos ha dado la gracia en este planeta para que superemos esta separación, para que se levanten los velos y despertemos de verdad en un nuevo nivel. Te estás moviendo hacia *ti*; te estás moviendo hacia la luz de tu Yo, instante a instante, con cada respiración, mientras optas por la vida y por el amor. El elemento amoroso puede volver a tu vida cada vez y en cada instante que optas por respirar.

Simplemente, respira profundamente otra vez, inspira a través de la boca y suelta, espirando a través de la boca, optando por la vida, optando por el amor.

Mientras hagas esto, la historia de tu vida comenzará a debilitarse. Lo que quiero decir es que la historia de tu vida hasta este momento perderá importancia para ti. Ya no te aferrarás al pasado, sino que lo verás más bien como algo que te ha traído hasta este momento del tiempo, nada más; como una serie de acontecimientos que tuvieron lugar, que te han dado experiencias, nada más; y a partir de aquí podrás soltar y moverte hacia ti mismo de una forma novedosa.

En la serie de pasos que vienen a continuación se va a dar un cambio en ti. La primera pregunta es: *¿Estás dispuesto a permitir el cambio?* No tienes por qué saber cómo va a ocurrir ese cambio; no hace falta ningún conocimiento, simplemente el deseo de cambiar. Ni siquiera tienes que saber con exactitud el aspecto que vaya a tener ese cambio. No necesitas tener estas respuestas en este momento. Lo único que necesitas saber es que necesitas cambiar y quieres cambiar lo que está sucediendo en tu vida, que estás dispuesto a cambiar. Tienes la intención de soltar y de abrirte a este nuevo nivel de ti mismo.

Tu Yo superior pondrá en marcha una serie de acontecimientos en tu vida que generarán el cambio. Tendrás que abrirte y que permitir estos cambios, y para que esto ocurra deberás estar dispuesto a soltar y confiar. Tienes todo que ganar y nada que perder. Ha llegado tu momento.

La energía de «soltar» es poderosa. Permite que el cambio tenga lugar porque, en la medida en que la energía de soltar se activa dentro de tus células, lo viejo (todo aquello que has estado aguantando o a lo que te has estado aferrando) sale, y deja espacio para el cambio y para la transformación en las células de tu organismo. Y, a medida que esta transformación tenga lugar dentro de las células, podrá tener lugar la sanación física del cuerpo. Habrá un cambio en la densidad de las células, cosa que hará posible la curación física.

Pero la energía de soltar se transmite también a todos los niveles de tu vida. Se mueve como una ola, recorriendo todos los aspectos, ayudándote a derribar y eliminar los viejos e ineficaces patrones. Abre nuevas puertas y nuevas necesidades allí donde haga falta. La energía del soltar alcanza todas las áreas de tu vida, y tú comienzas a recibir tu abundancia natural. Permite la sanación en todos los niveles: sanación en las relaciones, sanación en el nivel físico y sanación en el nivel emocional. Es el momento de que te permitas esto.

Una mujer vino a mí en busca de ayuda. No era feliz con su vida; tenía un empleo con el que no se sentía satisfecha, mantenía una relación que ya no funcionaba y estaba sufriendo mucho con un dolor de espalda crónico.

Hablando con ella averigüé que cargaba con un montón de culpabilidad en relación con un accidente de automóvil. Este accidente había ocurrido veinte años atrás, y una persona había muerto en él. Ella no tuvo la culpa de la desgracia, pero era quien conducía el vehículo y había asumido toda la culpa, acusándose de no haber sido capaz de hacer algo para impedir el accidente. Mientras ella hablaba de su experiencia y de sus profundos sentimientos de remordimiento y de condena contra sí misma, pude sentir la energía densa en torno a su problema y al modo en que se aferraba a aquella culpabilidad. Aunque lógicamente podía aceptar que no había sido la responsable del accidente, no podía desprenderse de su culpabilidad. Decía que no se merecía nada bueno, y que lo único que merecía era ser castigada.

Le pregunté si estaba dispuesta a trabajar con la energía de soltar, y le expliqué que se trata de una energía que se mueve a través del campo energético y de las células del cuerpo, liberando cualquier forma de agarre energético. Le dije que, en primer lugar, aflojaría viejos problemas, y que luego haría que esos problemas salieran de ella, cambiando la vibración energética de su cuerpo y de su mundo.

La mujer accedió, pero sin demasiado entusiasmo. Le dije que en realidad no importaba lo convencida que estuviera, que lo único que importaba era que dijera que sí, y que se abriera a la experiencia. De modo que trabajé con su apertura al proceso energético de soltar. Me prometió que se comprometería durante el proceso, y eso era cuanto necesitaba yo para activar el proceso, para que pudiera recibir la energía de soltar. La mujer tuvo, ciertamente, una experiencia positiva durante el proceso, teniendo la sensación de haberse descargado de algo, como si ya no sintiera una carga tan pesada. Tuvo una pequeña sensación de alivio, y se mostró dispuesta a aceptar la posibilidad de un cambio. Le di un CD con el proceso de soltar y le pedí que lo escuchara tres veces durante la primera semana. Le dije que no tenía que hacer nada, salvo escuchar el CD y respirar. Quedamos en vernos dos semanas más tarde.

Al cabo de las dos semanas entró en la sala con una energía muy diferente a la de la última vez que nos habíamos visto. Me dijo que estaba mucho mejor del dolor de espalda, y que se había dado cuenta de cuánto dolor emocional había cargado sobre sí. Dijo que había entendido muchas cosas sobre sí misma, y que lo había hecho de una manera natural, como si se hubiera derrumbado un muro. Comentó que había podido ver y comprender las cosas de un modo muy diferente, y que, debido a esto, había podido soltar el dolor y seguir adelante.

Le habían dado un ascenso en su empleo, y sentía que había algo nuevo en su interior: que ahora tenía la oportunidad de ser feliz en su vida.

Esta mujer siguió haciendo el ejercicio de soltar y, poco a poco, su vida cambió muchísimo. Los cambios en su interior llevaron a algo más positivo en su relación, y pudo comenzar a recibir de un modo diferente y a abrirse a experiencias diferentes, más positivas, en su vida.

Así es como funciona la energía de soltar. El aspecto más poderoso de esta energía lo constituye su capacidad para aflojar el agarre del viejo bagaje emocional, el bagaje que nos impide ser capaces de recibir y de avanzar en la vida.

Quiero que te abras a esta imagen: Te estás aguantando de la rama de un árbol con ambas manos. Estás colgando sobre un río. Bajo tus pies, ves discurrir una suave corriente. La energía de soltar te está diciendo que te dejes llevar, que te sueltes. Esto significa que lo único que tienes que hacer es abrir los dedos y soltar la rama a la que te aferras, caer suavemente en el río que se encuentra abajo y dejarte llevar por el flujo, por la corriente del río. Se trata de una acción que no precisa de ningún esfuerzo, tan solo abrir los dedos y soltarse. Simplemente caes en el río, que te va a llevar con su suave corriente.

Te están transportando, aguantando y moviendo hacia delante. No tienes nada que hacer, salvo respirar, descansar y dejar que te transporten. Este río es *tu* río de luz, y el flujo en el que te encuentras es el flujo de la luz de ti mismo que te llevará adonde tienes que ir en esta vida. Esto es *soltar*. No hay ningún esfuerzo en ello, simplemente hay que abrir los dedos y soltar la rama a la que te aferras. Llevas demasiado tiempo asiéndote con fuerza a ella, y ahora simplemente tienes que soltarte. El esfuerzo y la energía utilizados para aguantarte ahí te dejan exhausto. De modo que suéltate y deja que la luz del yo te asista, *ahora*.

Capítulo 3

El trabajo de Formación

¿Qué es una formación?

Cuando trabajas con una Formación trabajas con una forma geométrica sagrada. Esta forma sagrada ancla diferentes espacios dimensionales para que te abras a los procesos de iniciación que tienen lugar dentro de tu campo energético y en las células de tu cuerpo.

La Formación te proporciona la oportunidad de trabajar en otros espacios dimensionales ulteriores a la tercera dimensión; te lleva a las esferas cuatri, quinti y sextidimensional, donde puedes trabajar con aspectos luminosos del Yo.

Hay un aspecto puro de amor que se conserva dentro de los espacios dimensionales, un amor que genera transformaciones y sanaciones dentro del cuerpo físico, del emocional y del espiritual. Este espacio te da acceso y te da la oportunidad de trabajar con un aspecto de tu yo superior, así como de anclar las energías lumínicas de tu Yo directamente en las células de tu cuerpo físico. Cuando accedes a la luz del Yo y la anclas en las células es cuando surge la oportunidad de sanarse físicamente. Pero esta luz opera también en el cuerpo emocional. Las emociones se albergan en las células y, a medida que la luz entra, puede empezar a liberarse la energía emocional. Con esto, te abrirás a nuevos estados de realidad, mientras te abres paso entre los diferentes estados dimensionales que se hallan dentro de los espacios dimensionales de la Formación. Esto fomentará una conexión más profunda con tu propio Yo de luz. Con este amor, serás iniciado.

Cada vez que trabajes desde dentro de este vehículo energético tu desarrollo se acrecentará. Cada vez que decidas trabajar con un viaje de Formación te expandirás y te transformarás energéticamente. Tus células se expandirán con tu luz energética cada vez que vuelvas de un viaje de Formación.

Cada viaje es único, y está diseñado solo para ti. Existe una orquestación divina que se abre exclusivamente para que tú te despliegues, para que accedas a las enseñanzas de la verdad y a la comprensión de ti mismo. Cada vez que termines un viaje, tus células se despertarán con tu luz y entrarás en un estado de consciencia en el que estarás más alerta a nivel energético. Los reinos espirituales podrán conectar contigo con mayor facilidad a medida que despiertes, a medida que tus células reciban más de tu luz. Serás más consciente de tu conexión en la medida en que nazcas y te inicies en tu Yo luminoso. Y has de saber que se te sustentará en el amor a medida que te desarrolles.

La Formación crea un vehículo para ti; este vehículo te permite acceder a alineamientos energéticos con otros espacios dimensionales sagrados, así como anclarte a ellos. Esto significa que la Formación, en sí misma, te lleva a aberturas cuatri, quinti y sextidimensionales, donde puedes sanarte y transformarte a ti mismo en múltiples niveles. Mediante el uso de las formas geométricas sagradas, y con la ayuda de los pleyadianos, se te iniciará dentro de estos espacios.

Cada experiencia de Formación te acelerará para alinearte con la Consciencia Universal y darte acceso a una experiencia de tu singular aspecto divino del todo. Esto significa que comenzarás a abrirte a experiencias directas de tu lugar energético dentro del Universo, y a disfrutar de una nueva sensación de pertenencia dentro de una pura fuerza amorosa. Te experimentarás a ti mismo como parte de esa pura fuerza amorosa, que se moverá y nacerá a través de ti, impactando en tu consciencia y en tu vida. Te proporcionará oportunidades para que tomes tu lugar en el mundo, y te permitirá acceder a tu derecho natural de nacimiento a disfrutar de una abundancia ilimitada, a fin de que actives esto en tu vida. Con cada viaje, harás nacer nuevos niveles de tu Yo luminoso en tus células, y cada viaje será diferente porque tú serás diferente. Existe un número ilimitado de niveles en los que puedes anclarte para tu iniciación, pero cada viaje que emprendas será completo en sí mismo.

Los pleyadianos te han dado acceso a este proceso gracias a la Profecía de Autosanación, por cuanto ha llegado el momento de que podamos acceder a este despertar acelerado. Mis energías pueden sustentarte. Mi don consiste en gran parte en la capacidad para trabajar energéticamente con todos y cada uno de vosotros. Y ése es mi compromiso contigo. Yo puedo mantener una plataforma energética para ayudarte a integrar la energía de tus viajes en la Formación, de tal modo que tus células reciban plenamente un nuevo nivel de tu luz y que cada célula esté plenamente integrada con esa luz. Ésta es una parte de mi misión aquí, en el plano terrestre. Yo estoy anclada en una forma ilimitada de mí misma, y mis energías siempre están a tu disposición.

La preparación para el trabajo de formación

Para hacer el trabajo de Formación vas a tener que poner en orden algunas cosas. Además de a ti mismo, necesitarás a otras tres personas, O BIEN tres indicadores, pañuelos o cojines. (Nota: No conviene que utilices cristales para marcar lugares).

La Formación se dispone en un cuadrado perfecto; cada una de las cuatro posiciones se marca con una persona, o bien con algún tipo de indicador. Dependiendo del número de personas, utiliza los indicadores para señalar los lugares que falten. No importa cuántas personas y cuántos indicadores tengas en la Formación (siempre y cuando el total sea de cuatro). Conviene que te asegures de que cada Formación está correctamente alineada, que cada lugar se halle en el punto diametralmente opuesto de otro punto, o que los indicadores estén bien alineados, de tal modo que el cuadrado esté bien equilibrado. Conviene que la distancia entre cada uno de los puntos sea la misma. El tamaño en sí de la Formación no tiene importancia; puede ser grande o puede ser muy pequeña, pero debe estar equilibrada. Los pleyadianos y los reinos espirituales trabajarán de un modo mucho más efectivo contigo con una Base de Formación adecuadamente equilibrada. Las energías que se generan serán mucho más efectivas con esta Base equilibrada, de modo que tómate tiempo para hacer una Base bien hecha y de lados iguales (*Véase* el Diagrama A).

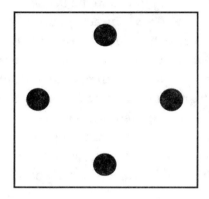

Diagrama A

Los pleyadianos y el Espíritu solo pueden sustentar el trabajo si estos alineamientos son correctos, y tú vas a necesitar su apoyo. Ellos te van a asistir en tus iniciaciones y con tus experiencias, y especialmente con la integración de los múltiples niveles de la luz que entrará en tus células. Estas energías de luz, de tu luz, que tú devuelves a tu cuerpo, tienen que ser íntegramente utilizadas, cosa que consigues incorporándolas por completo en tus células. Y aquí es donde la ayuda del Espíritu y de los pleyadianos se hace importante, pues ellos se aseguran de que estás plenamente integrada cuando te inicias.

Has de saber que los pleyadianos están dispuestos a anclarse en los espacios de la Formación en los que no haya personas, donde se encuentran los indicadores. Ellos mantienen energéticamente estas posiciones para ayudarte a abrir los sagrados espacios dimensionales geométricos. De modo que puedes trabajar con otras personas en la Formación o puedes trabajar con las energías pleyadianas. Los pleyadianos rellenarán cualquier hueco que pueda quedar, de modo que quizás vosotros seáis dos personas y las otras dos posiciones estén cubiertas por los pleyadianos.

Tendrás que entrar en tu cuerpo antes de comenzar con esta Formación. Eso significa que tendrás que llevar tu energía desde la mente hacia abajo, hasta el cuerpo, especialmente hasta el corazón. Tómate tiempo para conectar con las manos en el pecho, sintiendo la presión y la calidez de tus manos. Utiliza la Respiración Consciente, inspira y espira por la boca. Con ello, te alejarás rápidamente de la mente para introducirte en el cuerpo. No puedes estar en la experiencia de la Formación con la mente egoica. Es importante realizar la conexión con el cuerpo antes de que empieces con la meditación de Formación, porque abre las células de tu organismo y las prepara para recibir la energía iniciadora. En realidad, te abre conscientemente para que recibas todo un nuevo nivel de ti mismo, al tiempo que le dice al Universo: «¡Sí, estoy preparado!».

Recuerda que la respiración dice: «Sí, estoy dispuesto a soltar» y «Sí, estoy dispuesto a recibir». Es importante que esto sea un acto consciente por tu parte.

Las preguntas que te hago son: *¿Estás dispuesto o dispuesta a recibir?* y *¿Cuánto estás dispuesto a recibir?*

Es sorprendente lo poco que muchas personas creen que merecen, cuando nuestro derecho natural de nacimiento nos capacita para disfrutar de la abundancia en todos los niveles. Recuerda lo que los pleyadianos preguntan: «¿Por qué tener un grano de arena, cuando puedes tener toda la playa?».

¡Por eso mantengo un espacio para cada uno de vosotros, para que os abráis y recibáis todo lo que por derecho podéis recibir!

Antes de empezar, márcate una intención y ábrete a recibir específicamente durante esta Formación, a recibir lo que estás dispuesto a permitir. ¡Tienes que pedir con el fin de recibir!

El Espíritu tiene que saber qué deseas para poder proporcionártelo. Sé tan específico como puedas y, luego, déjalo ir, con la confianza y la seguridad de que lo que has pedido está en camino.

Si estás haciendo la Formación con otras personas, estará bien que otras personas sean testigos de tu intención personal con este viaje. Si estás solo, plantea tu intención y deja que los pleyadianos y el Espíritu sean testigos de tu intención.

También es importante solicitar ayuda en tu viaje de Formación *antes* de que empieces. La ayuda puede venir de los pleyadianos, del Espíritu, de mí misma o de cualquiera de tus alianzas personales. Por experiencia sé que todas las energías pueden ser de gran ayuda aquí. Solo existe la Unidad; no hay separación.

La Formación es espacio de luz pura. No vas a tener que protegerte de nada, pues un espacio de luz pura no admite abertura posible para ningún tipo de energía no deseada. La Formación mantiene un espacio increíble en el cual puedes integrar plenamente la luz que devuelves a tus propias células tras la finalización del viaje. Es algo parecido a una matriz, que genera un recinto energético en el cual puedes descansar e integrarte. Se te sustenta en un amoroso espacio de luz.

Al principio

Cuando te abras por vez primera a la energía de Formación conviene que *te permitas* vivir la experiencia plena, y que no necesariamente sigas mis indicaciones hasta el final. Conviene que sepas que, a veces, tus experiencias te van a llevar lejos de lo que yo te pueda estar indicando. No hay nada malo en ello; de hecho, es importante, pues significa que estás en el flujo de tu experiencia, única y singular. Es algo poderoso, y te hallas inmerso en un aspecto de tu propia sanación en ese momento. Puedes confiar plenamente en el proceso cuando ocurra; simplemente, déjate llevar por lo que te está sucediendo. Confía y déjate llevar.

En otras ocasiones, quizás te de un sueño terrible. Esto sucede cuando un elevado nivel de luz nueva se está integrando en las células; y esto significa que te estás alineando con nuevos aspectos dimensionales de ti mismo. Se trata de estados superiores de tu luz que se anclan a través tuyo, de tal modo que la integración de esta energía expandida por parte de las células genera cierto estado de somnolencia. Simplemente, suéltate y deja que sucedan las cosas. Habrá veces en que caerás en un estado similar al del sueño. No estarás durmiendo, sino que habrás sido introducido en otro espacio dimensional para un proceso curativo más profundo. Esto suele ocurrir cuando hay un importante proceso de sanación en marcha dentro de tu campo energético.

Puede haber también ocasiones en que no recuerdes nada del viaje. Esto ocurre cuando ha habido un profundo alineamiento energético con el Yo. Se te ha sacado por completo del camino, lo cual significa que la mente egoica no puede interferir con este importante paso, mientras está teniendo lugar el proceso. Cuando vuelves de un viaje como éste, conviene tomarse mucho tiempo para respirar e integrar la energía en las células del organismo. La energía lumínica que has traído de vuelta contigo es un nuevo nivel de tu propio yo de luz, energía curativa que puede transformar tus células y tu campo energético.

Es importante que no intentes visualizar ninguna parte de tu experiencia. Con lo de visualizar quiero decir que no intentes ver algo. Si algo te llega de forma natural y lo ves, perfecto. Pero, si *intentas*, es la mente egoica la que pretende interferir, la mente egoica que quiere formar parte de eso, que quiere controlar y que, en última instancia, quiere detener la experiencia. Has de comprender que la mente egoica no es capaz de operar en estos niveles cuatri, quinti o sextidimensionales. Ahí no puede funcionar. De modo que, si estás en tu mente egoica, tus verdaderas experiencias tendrán lugar energéticamente, pero serás incapaz de tener una experiencia directa de ellas mientras suceden.

Si te encuentras en tu mente egoica y no tienes ninguna experiencia, lo único que tienes que hacer es ponerte la mano en el corazón y respirar, llevar la consciencia a la mano y al corazón. Con esto, traerás de vuelta la energía a tu cuerpo y te alejarás de la mente egoica. Es un proceso sencillo. Al principio, puede que te descubras con la mente interfiriendo en el proceso, pero no pasa nada. Sé paciente y cariñoso con el ego, y llévate de vuelta suavemente hasta el cuerpo para reanudar tu viaje.

Simplemente, ábrete a lo que está ocurriendo en cada momento; permanece con cada experiencia llevando tu consciencia a ella y respirando. Esto es estar en el instante. Cuanto más lleves la consciencia a cada experiencia y respires, más se expandirá esa experiencia en concreto en ese instante.

Algunas de tus experiencias quizás sean sutiles; ábrete a la energía sutil que hay ahí, y permanece con ella. Tú y la energía: soltando y respirando; estando en el instante. Despliégate en el instante. Cuando estás dispuesto a estar con lo que tienes delante de ti y te abres a ello, sea cual sea la experiencia, ésta se abre y se expande aún más. Y, cuanto más dispuesto estés a abrirte a esa experiencia, más fácil te será alcanzar experiencias más profundas y abrirte a ellas.

Sé consciente de que el espacio de la Formación es un espacio cuatri, quinti y sextidimensional, por lo que te vas a encontrar con experiencias muy diferentes de las que se dan en este plano terrestre tridimensional. Evidentemente, no existe el tiempo, no hay límites fijos, y puede ocurrir que te experimentes a ti mismo de un modo muy diferente, a medida que te vayas abriendo a nuevos aspectos energéticos de ti mismo. La mente no va a comprender gran cosa de las experiencias que tengas, porque todo esto se halla fuera del reino de la mente. Pero reconocerás y comprenderás la verdad de los niveles superiores a través del corazón y de las células de tu cuerpo. A través de las energías de formación recibirás el nuevo nivel de claridad, de comprensión y de información que vas a necesitar para tus próximos pasos en la vida.

El anclaje de la base

El primer paso estriba en anclar la Base de tu Formación. Asegúrate de que estás *en tu cuerpo*; recuerda que necesitas estar alineada con tu cuerpo. Recurre a la respiración para ello. Has de tomar *conscientemente* tu lugar en la Base de la Formación, reclamando tu lugar allí, anclándote y arraigándote como las raíces de un árbol. Siente cómo las raíces se introducen en la tierra. A medida que profundicen más y más, comenzarás a sentir tu lugar de un modo más completo dentro de la Base de la Formación. Ábrete plenamente a tu lugar aquí, en la Base. Es impresionante sentirse de verdad ahí, ocupando tu lugar y dispuesta a emerger por ti mismo en este instante.

Vas a crear una Base de tu Formación. Lo primero que tienes que hacer es llevar tu consciencia a la persona que hay a tu izquierda.

Cuando lo hagas, se formará una línea energética entre tú y la persona (o la energía pleyadiana) que está a tu izquierda (*Véase* el Diagrama B). Has de saber que allí adonde lleves tu atención o tu consciencia se creará una línea energética. Ésta es una verdad universal, de tal modo que, cuando haces esto en una Formación, se crea una conexión.

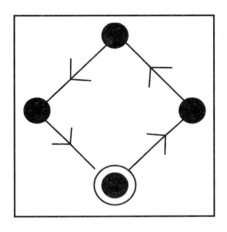 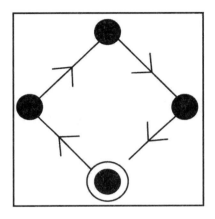

,,,,,, *Diagrama B*　　　　　,,,,,,, *Diagrama C*

Cuando todos dentro de la Formación hagáis esto, habrá una línea que conectará a cada una de las cuatro posiciones de la Formación, habiéndose creado así la Base (*Véase* el Diagrama C).

La Base, al nacer, se abre a las primeras energías de otro espacio dimensional. Profundiza en tu lugar en la Base mientras, ésta se abre. Respira y arráigate más. En algún nivel experimentarás un estado cambiante (que ocurrirá en el lugar donde te encuentras). Suéltate y permítete expandirte con él. Conviene que sepas que el cambio puede ser sutil; o bien puede ser intenso; sea como sea, no importa. Simplemente, lleva la consciencia a la Base en ese instante y respira.

Después, llevarás tu consciencia o atención a la persona de tu derecha, formándose con ello una línea energética entre esa persona y tú. Con ello, expandes y fortaleces la Base, aportando aún más energías de cambio a medida que la Base se abre aún más y a medida que tu experiencia de la Base se expande aún más. Quizás experimentes cierta unión entre tú y la Base, casi como si te estuvieras convirtiendo de algún modo en parte de la Base. Puede darte la impresión de que ésta es mucho más grande, o más pequeña, o bien puede parecerte que está ladeada. Puede darte la impresión incluso de que la Base es fluida. Pero recuerda: no es un espacio tridimensional en lo que estás entrando; es un espacio cuatri, quinti y sextidimensional.

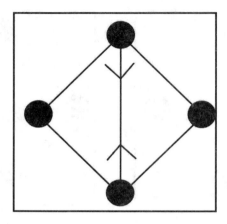

Diagrama D

Quizás te sientas y te percibas de un modo muy diferente aquí, y es que tú eres diferente. Estás accediendo a aspectos energéticos diferentes de ti mismo a medida que te abres a nuevas esferas dimensionales.

Luego, lleva la atención hasta la persona que hay enfrente de ti y conecta con ella. Cuando establezcas la conexión se formará una línea energética más fuerte (*Véase* el Diagrama D).

Si te concentras más profundamente en esa conexión y respiras profundamente, esta línea energética se expandirá y se hará más fuerte. La línea conectora que hay delante de ti se hará más profunda y más fuerte, y se abrirá de un modo u otro, en la medida en que pongas tu atención en esta conexión.

En la medida en que estás conectada con la Base y formas parte de la Base sentirás que cambias y que te expandes. Nuevas energías de luz comienzan a nacer a través de tus células. Quizás sientas como si la Base y tú os estuvierais fusionando. Puede que tengas la sensación de que la Base es más y más grande, hasta ocupar toda la sala; o quizás la experimentes de un modo muy diferente. No importa lo que puedas experimentar; lo importante es que sigas abriéndote a tu experiencia, llevando toda tu consciencia a lo que experimentes, sea lo que sea, permitiendo la experiencia, dejando que suceda y respirando.

El vértice

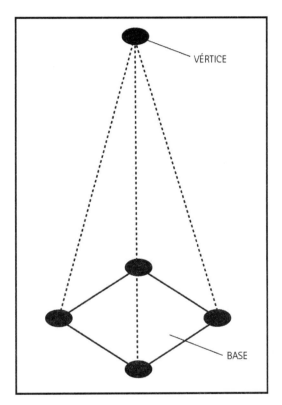

Diagrama E

El Vértice se sitúa por regla general encima de ti; sin embargo, en ocasiones puede estar a un lado o, incluso, por debajo de ti. Puede estar muy lejos de ti o muy cerca. No importa cómo sea; lo que conviene que comprendas es que el Vértice está ahí. Puedes verlo, sentirlo o percibirlo. No tiene importancia el modo en que lo experimentes.

El Vértice tiene su propia consciencia de luz. Es una forma lumínica energética, por lo que convendrá que la saludes. Esto significa que vas a tener que elevar tu consciencia hasta esta energía con el fin de saludarla. No importa de qué modo saludes al Vértice. Puede ser simplemente reconociendo su presencia, como se hace con una persona extraña en la calle, diciéndole «Hola» o «Buenos días». O puede que tengas la experiencia de un encuentro con un amigo muy querido al que no ves desde hace mucho tiempo, experimentando una fuerte conexión a través del corazón. Cuando saludes al Vértice, éste te responderá enviando su propia conexión de luz hasta donde te encuentras tú, en la Base.

No te olvides de la regla: allá donde vaya tu consciencia se formará una línea energética. De modo que cuando lleves tu consciencia hasta el Vértice se formará una línea de energía (*Véase* el Diagrama E).

Luego, el Vértice enviará su energía hacia abajo, a cada una de las posiciones de los indicadores, formando así las respectivas líneas energéticas desde él hasta la Base, creando la forma de una Pirámide Sagrada (*Véase* el Diagrama E). Esta forma se anclará en la Base a través tuyo. A medida que la Pirámide arraigue su energía en la Base de la Formación, la Base comenzará a transformarse en otro nivel. Se abrirá y, cuando lo haga, tendrás que profundizar tu conexión con la Base. Quizás sientas como que *eres* la Base, lo cual estará muy bien. ¡Discurre con tus experiencias!

La pirámide

La energía de la Pirámide Sagrada es ilimitada en forma y en cuanto a su multidimensionalidad. Esta sagrada forma permite un número ilimitado de experiencias, a las que puedes acceder dentro de su estructura sagrada, y existe un número ilimitado de procesos de iniciación esperando a que estés preparado para emprender ese desarrollo. Cada experiencia de iniciación está controlada y apoyada por los pleyadianos y por las fuerzas espirituales.

Cuando digo que tu experiencia está controlada quiero decir que los pleyadianos se van a asegurar de que las energías lumínicas que tú absorbas no excedan la capacidad de tu sistema eléctrico y de que recibas un apoyo constante para integrarlas.

Cada vez que trabajes con estas energías sagradas tendrás acceso a nuevas experiencias. La Pirámide tiene una serie de energías de iniciación que te llevarán a profundizar cada vez más en ti mismo. Suéltate y deja que esta energía sagrada trabaje en tu interior; suéltate y deja que tu viaje se despliegue ante ti. Cuanto más relajado estés, más capaz serás de recibir las orientaciones canalizadas a las que podrás recurrir dentro de la Formación. Cuanto más te permitas tu propia experiencia, más capaz serás de acceder a estos nuevos niveles de ti mismo dentro de los diferentes espacios dimensionales.

Tus células pasarán por una rápida transformación energética, y la energía de la Formación te ayudará a integrar estas energías.

La columna de luz

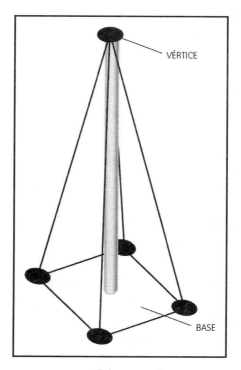

Diagrama F

Una vez la Pirámide esté anclada en la Base descenderá una Columna de Luz desde el Vértice hasta la Base de la Formación. La Columna de Luz es también una consciencia diferente; su función difiere de la función del Vértice (*Véase* Diagrama F). La Columna alberga una potente cualidad de amor, y se puede acceder a ella si llevas tu consciencia hacia su luz. La luz de la Columna te da acceso directo al aspecto superior de tu Yo luminoso. Es una maestra, que te proporciona conocimientos y te lleva al despertar. Te facilita la apertura de la consciencia a fin de que puedas percatarte mejor de las energías que existen aquí y que te ayudarán en tu viaje por el plano terrestre. Es importante que respires cuando accedas a la energía de la Columna. A medida que trabajes con estas energías podrás ir accediendo de una forma más completa a la energía lumínica expandida de la Columna e integrar esta energía en las células de tu organismo.

La Columna lleva la energía curativa y la luz hasta las células de tu cuerpo, con lo cual se abre un acceso fluente hacia el Yo. Te abre el acceso, al igual que lo haría una maestra, para que recibas nuevos atisbos e información acerca de tu propio sendero y de tu viaje. Cuanto más dispuesto estés a soltarte, más podrá trabajar contigo la Columna de Luz, que abrirá nuevos alineamientos de canalización. Estos alineamientos se desarrollarán y se expandirán a través de ti, dándote acceso a una comunicación directa con el Yo y con las esferas espirituales. A medida que se defina el canal en tu interior, lograrás acceder a un nivel más profundo de comunicación con las esferas espirituales, y con las energías y las sintonías del Yo. La comunicación con el Yo aportará claridad a tu sendero y a tu viaje, e iluminará los pasos que tienes que dar para dirigirte hacia donde tienes que ir. Te permitirá comprender mejor tu viaje y te dará una mayor claridad con la cual trabajar en tu vida diaria aquí, en este plano terrestre.

Con esta comprensión y esta claridad te resultará mucho más fácil orientar tu camino a través de las ilusiones tridimensionales, a fin de moverte y fluir a diario en las experiencias de dimensiones superiores. Te permitirán estar consciente en la vida diaria de este mundo tridimensional, y te ayudarán a orientarte en la vida de un modo consciente, momento a momento, para que puedas mantenerte alineado conscientemente durante tus experiencias aquí. Así es como entras en el flujo energético de tu propia luz. Estas iniciaciones te darán acceso a la claridad. Con la claridad conectarás con tu propio poder personal y te moverás de forma natural en la creación conjunta de tu mundo.

En la Formación, la Columna llena muchas veces con su consciencia el espacio de la Pirámide y, cuando esto ocurre, la energía de la Pirámide se expande en otros niveles dimensionales de sí misma. También puede descender a través de tu cuerpo físico. Opera en el interior de tus células y, en tanto en cuanto crea nuevos alineamientos de canalización, generando nuevas conexiones con las cuales puedas trabajar, ajustará tus niveles energéticos para que puedas expandir tus energías de un modo más completo. En determinado punto, descubrirás que desarrollas tu propia relación individual con la consciencia de la Columna. La comunicación con la Columna tiene lugar cuando llevas tu consciencia hacia ella, que puede empezar a comunicarse contigo mediante un proceso de transferencia de pensamientos. Esta forma energética de comunicación te puede aportar conocimientos y puede ayudarte a comprender la verdad y los alineamientos con tu Yo. Cuando esta comunicación tenga lugar podrás desarrollar una relación y una conexión más profundas con la Columna y con esta consciencia de luz. Dependerá de ti el desarrollar o no esta relación.

La energía de la espiral sagrada

La energía de la Espiral Sagrada se encuentra en la Columna de Luz (*Véase* el Diagrama G). Esa energía desciende a través de la Columna hasta el interior de la Pirámide y hasta tu propio interior. El principal papel de la Espiral consiste en integrar las energías de luz a través de tus células. Por otra parte, derriba las barreras del ego, permitiéndote acceder con más facilidad a la energía del corazón. Te proporciona apoyo en tu viaje a través de los espacios dimensionales, a medida que se abren. La Espiral tiene una consciencia diferenciada. Cuando la Espiral está presente, normalmente experimentarás un movimiento físico a través de tu cuerpo. Puede ser una experiencia física profunda. Confía en el proceso y, simplemente, déjate llevar, pues la Espiral te llevará energéticamente hasta donde tienes que ir. Deja que tenga lugar tu propia transformación, mientras la Espiral te desenmaraña con su energía y su movimiento. Y es importante que te desenmarañe, puesto que tú eres como un ovillo muy apretado, y la Espiral te abre para que puedas recibir la luz y sanarte a través de tus células, liberándolas de «retenciones», de forcejeos y de cansancio.

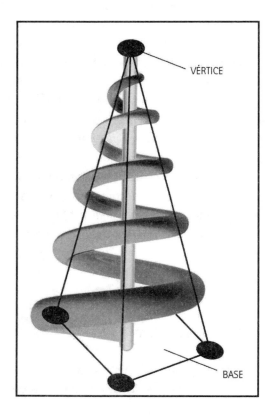

Diagrama G

Vas a cultivar unas relaciones sagradas con el Vértice, la Pirámide, la Columna de Luz y la Espiral Sagrada, y estas relaciones tendrán un impacto poderoso y duradero en ti, sustentándote en tu transformación día a día. Ciertamente, podrás relajarte y dejar que actúe esta alianza natural, porque se trata de un proceso natural. Estas energías conscientes están aquí para ayudarte en las diferentes fases de tu nacimiento. Hay muchos niveles en tu nacimiento, pues tú te das a luz con el apoyo y el amor del Espíritu, y de los pleyadianos. Estas fuerzas energéticas están aquí para ayudar; siempre han estado aquí para ayudar. Ábrete y recibe la abundancia, pues ése es tu derecho natural de nacimiento. Ábrete a los múltiples niveles de ayuda que están a tu disposición *ahora*. Has de estar dispuesto a recibir.

Recuerda que cada persona tomará su lugar de un modo diferente en la Formación, pero no hay nadie que sea más que nadie. De modo que, si estás con otras personas haciendo esta Formación, cada una tendrá una experiencia singular, única. Conviene que comprendáis que no dependéis de nadie dentro de la Formación para vuestra experiencia individual. Tu experiencia depende completamente de ti y de la ayuda que permitas que te llegue durante la Formación.

Habrá momentos durante estos viajes de Formación en que quizás se te dé información, enseñanzas, símbolos energéticos y formas. Estas herramientas energéticas son energías de iniciación que estás listo y preparado para recibir. Pueden ser solo para ti, o pueden ser para que tú las compartas con el mundo, pero no tengas inconveniente en confiar en lo que recibas. Abre tu corazón y recibe los dones tal como se te dan, y sé consciente de que se te conceden con un grandísimo amor.

Estos dones solo se conceden cuando estás preparado para recibirlos y cuando estás preparado energéticamente para utilizarlos. Es esencial que lleves tu consciencia hacia estas energías que entran en forma de símbolos, y es muy importante que respires conscientemente. Esto facilitará que las células de tu cuerpo integren y utilicen estas energías íntegramente. Lo que estarás haciendo en realidad es reclamar aspectos de tu poder personal para integrarlos en tu campo energético.

Detección de problemas y desarrollo de soluciones

Si tienes problemas y no experimentas nada en la Formación:

1. El problema más habitual estriba en que no estás entrando plenamente en tu cuerpo. La mayor parte de tu energía se en-

cuentra en tu mente egoica, de tal modo que te estás perdiendo la experiencia. Tienes que ponerte las manos en el pecho, sentir la presión de las manos ahí y respirar. Con esto, conseguirás que tu energía se aleje de la mente egoica para que entre en el cuerpo. Puedes hacer esto antes de iniciar la Formación o durante la Formación.

2. Estás intentando visualizar tu experiencia, lo cual significa que tu mente está intentando hacer que ocurra algo o ver algo. Pero esto detendrá tu experiencia, porque la mente no puede conectar con las verdaderas energías de estos espacios dimensionales. La mente tiene muchas limitaciones en cuanto a aquello con lo que puede conectar. De modo que, al igual que en el punto anterior, entra en tu cuerpo y aléjate de la mente egoica. Tienes que «esperar activamente» a que ocurra algo. Esto significa relajarse simplemente mientras se espera, y respirar hasta que comiences a ver, percibir o sentir que algo ocurre. Después, lleva tu atención a esa experiencia y sigue respirando.

3. Hay veces en la Formación en que quizás experimentes un aspecto de la Formación con más fuerza que otro. Por ejemplo, la Base puede ser muy sutil, casi inexistente, y el Vértice o la Pirámide pueden parecerte muy intensos. En ocasiones, puedes necesitar más intensidad de una energía de consciencia que de otra para tu desarrollo, por lo que en esta situación experimentarás más una forma de la Formación que otra. Confía en ello. Te vendrá bien variar de un viaje a otro.

No tengas inconveniente en mover tu cuerpo si lo necesitas, pues quizás tu cuerpo necesite moverse para integrar la nueva energía que está entrando en las células. El movimiento abre a las células a la luz de la iniciación, permitiendo así la transformación. Y en ocasiones, con este movimiento de la luz en las células, surge un sonido del cual quizás necesites liberarte. Puede ser como un suspiro en voz alta, o puede ser un sonido o un tono fuerte. Se trata de energías densas que abandonan el cuerpo. Estas energías densas pueden liberarse en ocasiones a través del sonido, permitiendo que tenga lugar una curación profunda en ese instante, liberándote de una gran carga.

No olvides que a veces los sonidos pueden hacer el papel de integradores, y a veces pueden alinearte con tu poder personal. No reprimas los sonidos; son poderosos. Permítete convertirte en el sonido y adéntrate en él.

Al término del proceso de la Formación te vendrá bien acostarte un rato y darte tiempo para integrar todo lo que hayas recibido. Normalmente, durante este tiempo te darás cuenta de cuánto has recibido en tu viaje. Te abrirás a la energía curativa que circula por tu cuerpo, y a los atisbos y la información recibidos que vas a necesitar en la siguiente fase del viaje. Inspira y suelta, ábrete a recibir.

Capítulo 4

Yo soy

La declaración más poderosa que se puede hacer la constituyen las palabras *Yo soy*. Estas sencillas palabras, pronunciadas conscientemente, activan una verdad. Estas palabras son la declaración ante el Universo del reconocimiento de tu singular lugar divino dentro de la Unidad y de tu reivindicación consciente de ese lugar. Son unas palabras tremendamente poderosas, pues ponen en marcha una onda de reacción en todo el Universo, difundiendo por todo él tu onda de firma energética. Cada uno de nosotros tiene un lugar único en la red universal dentro de la Consciencia Universal.

Yo la comparo con un puzle en la que tu pieza es la única que puede encajar en el lugar que le corresponde. Así, cuando reivindicas tu lugar con las palabras *Yo soy*, activas la energía que te pertenece dentro de tu lugar en la red universal. Tu lugar vibra y se expande en luz cada vez que lo reconoces, utilizando las palabras *Yo soy*. Se emite por el Universo, y tu singular firma de luz se irradia, generando una onda brillante de tu propia luz que recorre el Universo, anclándose en este plano terrestre en tu propia vida. Esta activación, la activación de tu alineamiento, genera un despertar en tus células, de tal modo que cada célula se alinea con tu lugar en la red universal. Cada vez que pronuncias las palabras *Yo soy* arraigas más y más tu lugar en la Consciencia Universal en tu lugar de la red. Cada célula vibra con esta esencia divina activada, con lo que se aviva y se acelera todo dentro de la célula. Tal aceleración es una energía de fuerza vital que surge de la activación de tu lugar dentro de la red universal. Y, con este alineamiento, comienza el proceso de sanación en tu cuerpo físico.

El proceso de Autorrealización se inicia cuando empiezas a alinearte con tu plan energético de esta vida, el plan que elegiste para ti mismo. Es lo que decidiste que ibas a conseguir en esta vida, tu misión y las lecciones que tenías que aprender. Así, despertar a tu plan es alinearte conscientemente con la energía de tu plan, para luego vivirlo activa y conscientemente en tu vida. Cada vez que pronuncias las palabras *Yo soy*, te alineas con otro nivel de tu plan, activas otro nivel del aspecto divino de lo que tú eres, introduciendo de una manera poderosa esta esencia del Yo en tu vida. Te estás dando a luz con las palabras *Yo soy*.

Se te pide que pongas en marcha esta potente activación dentro de ti mismo. Ha llegado el momento de que ocupes tu lugar dentro del todo. Se te necesita *ahora*. Se te pide que des un paso adelante, conscientemente, y que ocupes tu lugar en el Universo, utilizando las palabras *Yo soy*. Hay una enorme diferencia cuando se da un paso adelante conscientemente, pues es el momento en el que retomas tu poder y dices: «¡Sí, estoy aquí! Reclamo mi lugar; yo tengo un lugar. *¡Yo soy!*».

Cada célula de tu cuerpo comienza a responder, a acelerarse y alinearse con el flujo energético de tu lugar en el Universo. Sientes que tu lugar se abre en este plano terrestre, y que te mueves al compás de una sensación de flujo en tu vida. Tus células se ponen a vibrar de un modo novedoso, por el hecho de que recobran vida al alinearse con la energía del Yo y al alinearse con todas las formas de vida del Universo entero. Te permite acceder a la experiencia directa de la unión con todo; experimentas una nueva sensación de Unidad y un amor increíble, que es el que inicia el nacimiento a través de tus células. ¡Simplemente, te pones a vibrar en el amor!

A medida que te abres a la vibración del amor, reconoces y recuerdas que este amor existe en todo, a cada instante. Lo cierto es que tú eres amor. Te estamos pidiendo que te abras al milagro de ti mismo y que *te* abraces.

Cuando digas las palabras *Yo soy*, siente el poder en tu interior; siente cómo las células se ponen a vibrar y se alinean. Utiliza la respiración mientras pronuncias las palabras; la respiración te ayuda en este alineamiento. Sé consciente de tu corazón, poniendo la mano sobre él y llevando tu consciencia a él. El amor se activa a través de las células de tu corazón. El despertar del corazón tiene lugar. Puede ser un instante muy emotivo, en tanto que la alegría comienza a transformar el corazón.

¡Qué enorme desafío vivir conscientemente y ser un catalizador para el mundo! Cada vez que nos encontramos con una parte de nosotros mismos y nos desplegamos dentro de esa parte de nosotros, nos abrimos paso hacia los demás con el fin de que ellos también se curen, se transformen y comiencen a conectar, para que puedan ocupar su lugar dentro del todo universal. Pero date cuenta de que se trata de un proceso de recuerdo. Estás despertando y recuperando tu poder, realineándote y realineando las células para vibrar con las energías cuatri/quinti/sextidimensionales.

Ahora que estás comenzando a vivir en sintonía con tu corazón, con la nueva vibración del amor (*Yo soy*), es el momento de abrirte a una nueva manera de estar y de vivir en el mundo. Cuando vives en un estado consciente, abierto a lo que te rodea, empiezas a asumir la responsabilidad por lo que ocurre en tu mundo. Esto hace posible que te abras a los mensajes y a los dones que hay para ti, y que seas capaz de utilizar estos dones. En realidad, tú te conviertes en un don, un regalo para el mundo, siendo todo lo que puedes ser en cada momento. Cuando activas tu singular firma energética en la red universal es cuando realmente pones en marcha tu proceso de Autorrealización.

El modo en que elijamos vivir, la disciplina que tengamos y la devoción que tengamos hacia nosotros mismos determinarán qué tipo de experiencias vas a tener. La devoción por sí mismo es un componente clave para el desarrollo continuo del Yo, y parte de esa devoción estriba en marcarse una disciplina interior. Esto genera una acción de amor por sí mismo que abre nuestro corazón a la alegría. Así pues, lo que hagamos y cómo hagamos las cosas en nuestro mundo tendrán un resultado directo en las experiencias que nos generamos. El modo en que nos encontremos o saludemos estas experiencias o retos en cada momento, y las acciones que emprendamos, son lo que crea nuestro mundo. Vivimos el resultado de nuestras acciones.

Es como cuando plantas semillas en un jardín; cosechamos lo que sembramos.

No hay separación alguna en el Universo: en la medida en que tú te das a ti mismo, otros reciben automáticamente. No estamos separados de nada; solo existe la Unidad. Esto es una Verdad. Cuando te encuentras con la energía del *Yo soy* en tu mundo, tiene lugar una expansión de ti mismo, y en esa expansión tomas aún más conciencia de este aspecto luminoso tuyo. Es como si estuvieras más definido para ti mismo. Hay una sensación más profunda de pertenencia, debido al aspecto Unidad de la energía del *Yo soy*. De manera automática, te centras más en ti mismo a cada instante, con lo cual estás más presente para todos los demás. Te conviertes en una fuerza curativa natural en este Universo, porque estás conectado con la Unidad. Cuando vivimos en ese lugar, nos alineamos automáticamente con los demás. Forma parte de la Economía Divina de la vida; conectamos con la esencia de Dios de los demás como parte del todo universal, y eso nos permite sustentar un espacio de forma natural para que cada persona se dé a luz, y para que reclame su derecho de nacimiento cuando esté preparada.

Cada persona elige su momento a la hora de alinearse con el Yo; pero el cuándo decida hacerlo no es responsabilidad nuestra. Conviene respetar el proceso individual de cada persona, y el modo en que elija vivir en cada momento. Pero es sorprendente lo poderoso que puede ser para los demás presenciar tu desarrollo, y es mediante tu ejemplo de vida como los demás pueden llegar a inspirarse para dar los pasos oportunos. La energía que portas mientras te mueves por el mundo impacta en todos cuantos se ponen en contacto contigo. Cuando ponemos nuestra atención en alguna otra persona, nos abandonamos a nosotros mismos y abandonamos el instante, y cuando abandonas el instante entras en la separación. Tenemos la tendencia a fijar la atención en otras personas cuando no queremos sentir lo que ocurre en nuestro interior.

Todo lo que hacemos genera una reacción en el mundo: cada acción y cada pensamiento. Pensamientos y acciones generan una onda de energía que se difunde por el mundo, motivo por el cual puedes marcar la diferencia en este plano terrestre. Podemos crear cada instante conscientemente cuando conectamos con el *Yo soy*. Buena parte de la ilusión tridimensional la constituye la sensación de que no disponemos de tanto poder, de que no podemos marcar la diferencia en este Universo; cuando en realidad somos tan poderosos con nuestros pensamientos que cada uno de nosotros dispone de la oportunidad de crear conjuntamente a cada instante aquí, en el plano terrestre, ¡y en todo el Universo!

Podemos pasar suavemente por el plano terrestre, suavemente pero poderosamente, ocupando nuestro lugar y viviendo con consciencia, con amor y con respeto por toda forma de vida, ¡incluidos nosotros mismos!

La vida es la maestra

Cada instante de la vida es un regalo. Lo que se nos pide es que trabajemos conscientemente con lo que nos llega en la vida. No somos víctimas; se nos da la posibilidad de elegir a cada momento el modo en que respondemos ante cada situación. Cada una de nuestras respuestas se puede reducir a una de dos reacciones: amor o miedo. La clave estriba en reconocer los mensajes que se ocultan en cada situación que se te presenta en la vida, para luego comprender lo que cada experiencia te trajo en ese momento. Aprende a interiorizar y a trabajar con los sentimientos que se hallan presentes a partir de tu experiencia. Se trata de un proceso muy simple. Los sentimientos son la clave, de modo que la pregunta que tienes que hacerte es: «¿*Qué estoy sintiendo ahora?*».

Cuando captas el *sentimiento*, y cuando te permites estar con el sentimiento, es cuando tu respuesta de miedo se puede transformar en cierta sensación de paz y de claridad. El *sentimiento* está ahí para que te liberes porque, una vez sientes lo que hay ahí dentro, la energía en torno a la situación se transforma.

Muchas personas tienen miedo de sus sentimientos, pero has de saber que tú no eres tus sentimientos, que los sentimientos no te pueden hacer daño. Debes darte permiso para, simplemente, sentir. No tienes por qué justificar un sentimiento; no tiene por qué tener sentido ni tiene por qué ser lógico para tu mente egoica. Simplemente, date permiso para estar con ese sentimiento de la forma más completa que puedas; entonces podrá abandonar tu cuerpo. Cuando hagas esto comenzarás a experimentar cierta sensación de libertad, un profundo alivio, algo que disminuye dentro de ti. Cuanto más dispuesto estés a sentir en el instante, más fácil te resultará discurrir con la vida, y dispondrás de una nueva claridad.

Cuando aceptes conscientemente la verdad de que la vida es la maestra ganarás en libertad; y la ganarás porque ya no pensarás que eres una víctima. Más bien, tomarás un papel activo y responsable en tu vida, y comenzarás a abordar las experiencias de la vida de un modo consciente.

La vida es como un océano: las olas nunca cesan en sus idas y venidas. Hay olas pequeñas y divertidas, hay olas enormes que rompen con estruendo; pero las olas no dejan de llegar. Y lo mismo ocurre con la vida, con sus movimientos y sus desafíos constantes, incesantes. De lo único que puedes estar seguro es de que el sol volverá a salir al día siguiente, y de que los días y las situaciones seguirán llegando. No puedes controlar las situaciones que surgen en tu vida, y tampoco puedes controlar lo que los demás hagan o dejen de hacer. Pero puedes contar contigo mismo, y con el modo en que decidas abordar cada experiencia. Puedes abrirte a ti mismo, y anclarte, arraigarte en el *Yo soy*.

Puedes dirigirte hacia las olas con el corazón abierto y, cuando la ola te alcance, puedes dejar que te eleve para luego volverte a dejar sobre tus pies.

Puedes dirigirte hacia la ola y sumergirte por debajo de ella.

O puedes dejar que la ola rompa y te caiga encima.

A medida que vayas viviendo más y más en tu corazón con la energía del *Yo soy* comenzarás a percibir una gran diferencia en el modo en que te enfrentas a las olas de tu existencia. Dispondrás de una nueva claridad en las situaciones de tu vida, y esto te facilitará el hallar soluciones.

La luz del Yo te abrirá a soluciones creativas, y podrás trabajar con esta claridad en tu vida cotidiana. El alineamiento con el amor, que vendrá activado por el *Yo soy*, te hará profundizar cada vez más en la verdad y en la claridad del Yo, llevándote hacia un estado autorrealizado de vida.

Ahora quiero que te abras conscientemente a este alineamiento con la energía del *Yo soy*. Comienza por ponerte las manos en el pecho y por respirar profundamente. Continúa con la respiración, inspirando y espirando, inspirando y espirando. Suéltate conscientemente y toma conciencia de tu cuerpo: te respiras, te sientes, en este momento; no hay nada, salvo tú y la respiración.

Quiero que te abras conscientemente a las palabras *Yo soy*. Pronuncia esas palabras. Cierra los ojos. Respira. Puedes pronunciarlas en voz alta o puedes hacerlo en silencio, para ti mismo. *Yo soy*. Y, mientras pronuncias estas palabras, reclama tu lugar aquí, en el Universo; y, mientras te abres y te reafirmas en ello, pronuncias de nuevo las palabras: *Yo soy*.

Suéltate, en este mismo instante. Suéltate de todo lo que pertenece a este mundo tridimensional, reposa en la verdad del Yo, mientras te abres pronunciando de nuevo las palabras: *Yo soy*. Quizás sientas una profunda paz, mientras te abres a la energía que se activa a través tuyo, mientras este nuevo alineamiento se activa en tus células. Quizás sea algo sutil; quizás sea algo intenso. Puede haber una profunda sensación de alivio cuando se establezca esta conexión. Recuerda, estás recuperando tu poder, abriéndote a tu lugar. Cada vez que afirmas el YO SOY, ese alineamiento se hace más grande. Puedes pronunciar las palabras a lo largo de todo el día, cultivando el alineamiento, a través de tus células y a través del corazón.

No olvides que yo estoy energéticamente contigo en tu viaje. Yo te recibiré cuando des este paso adelante. El hecho de que tomes conscientemente tu lugar dentro de la Consciencia Universal es algo digno de celebrar. Y cuando actives este alineamiento dentro de las células de tu cuerpo percibirás una rápida aceleración con tu lugar en la red universal.

Capítulo 5

Hágase Tu voluntad

¿Qué significa la frase *Hágase Tu voluntad*? Se trata de una potente declaración de desapego, de soltarse, de someterse al aspecto divino del Yo, dejando que tu Yo te guíe, y llevando a la mente egoica de vuelta a su lugar original, para que se ocupe de organizar las tareas tridimensionales de tu vida.

Someterte al Yo Divino implica dejarte llevar por tu propia luz a lo largo de la vida, poniendo toda tu confianza en esta guía y moviéndote con ella. Con esta frase activas esa conexión y dices: «*Sí, me abro y permito que se me muestre el camino, y me comprometo a seguir las directrices de mi sagrado corazón mediante la luz de mi Yo*».

Así, cuando dices «Hágase Tu voluntad», te arraigas en un flujo de luz, que es el flujo de tu divinidad única. Alinearte de este modo te llevará a una nueva dirección en tu vida. Este flujo energético te llevará en una dirección vital que te hará entrar en sintonía con tu singular misión, aquella que viniste a llevar a cabo aquí, en esta vida. El flujo te introducirá en nuevos niveles de experiencia que te despertarán al flujo energético de tu Yo. Este despertar activará una conexión más profunda y consciente con la vida en el flujo de tu luz. Y, a medida que esta conexión con el flujo se profundice, te experimentarás a ti mismo de una forma totalmente nueva. La confianza es un ingrediente importante en los primeros pasos de este proceso. Cuando te abres por vez primera a este alineamiento del flujo no permites que la mente egoica sabotee tus primeros pasos. La confianza permite que se abran las vías hacia nuevas oportunidades y, cuando estas vías se abren, lo único que tienes que hacer es respirar, confiar y recorrer ese sendero hasta llegar a lo nuevo. Una nueva sensación de verdad comienza a vibrar a través tuyo cuando te atreves a dar estos pasos.

Si tú simplemente sientes tu corazón y respiras, te darás cuenta de que tu corazón responde a la verdad, y con el siguiente paso que estás a punto de dar conseguirás expandir su energía. Esto quiere decir que sentirás el siguiente paso de un modo más íntegro. Cuando sientas que te alcanzan las dudas conecta con tu corazón, lleva la consciencia al corazón y respira. Si la idea forma parte del flujo se acrecentará; si forma parte de la mente egoica se debilitará. Esto no falla, y te será de gran ayuda en los primeros pasos de este viaje de transformación en el cual te encuentras, por cuanto te ajustarás a esta nueva forma de ser y ganarás confianza en esta nueva forma de vivir.

Cada vez que pronuncies las palabras *Hágase Tu voluntad*, la alineación se fortalecerá y se expandirá a través de ti, enlazándote profundamente con el flujo del Yo. Esta verdad lo que hace es invocar a la «luz del Yo». Simplemente, ve con la corriente de tu luz como si te dejaras llevar por la corriente de un río, sin hacer ningún esfuerzo, dejándote llevar en tu sendero, sustentado por la luz del Yo.

Con estas palabras no estás renunciando a tu poder; al contrario, te llevan a alinearte de un modo más completo con él. Simplemente estás abriéndote a un aspecto dimensional superior de ti mismo, a tu Yo luminoso, cada vez que te alineas con la afirmación de «Hágase Tu voluntad». Siempre has dispuesto de la capacidad para acceder a este aspecto de ti mismo, aunque hasta este momento hayas tenido que estar en la experiencia de separación del ser humano tridimensional.

Pero ha llegado el momento de que despiertes, y es importante que lo hagas conscientemente, de que aparezcas conscientemente por ti mismo, de que emprendas una acción consciente y de que reivindiques tu aspecto divino. Y no solo reclamándolo, sino alineándote conscientemente contigo mismo de esta nueva manera.

En realidad te estás alineando con tu flujo. Este flujo es una luz energética del Yo, que te ayuda a dirigirte hacia la abundancia en todos los niveles. Se trata de tu abundancia natural, en esa parte del derecho natural de nacimiento que todos y cada uno de nosotros tenemos. Cada uno de nosotros tiene su propia abundancia. Es imposible tener demasiada, o bien tomar la abundancia de otra persona, de modo que puedes abrirte a todo sabiendo que todo el mundo tiene acceso a su propia abundancia cuando está preparado para recibirla.

El flujo

¿Qué significa eso de *flujo*? El flujo es tu alineamiento energético con una corriente. Tú formas parte de esta corriente; es tu propia firma divina del todo, la Consciencia Universal o Unidad. Estar conectado con el flujo de este río supone que se te pone en sintonía con el aspecto divino de tu luz, de tal manera que te alineas con el ritmo y la corriente natural del Yo. Tú entras en tu río y, sin ningún esfuerzo, te dejas arrastrar por la corriente, abierto a nuevos senderos que te proporcionen acceso a un nivel ilimitado de energías y aspectos multidimensionales de ti mismo. Con esto consigues abrirte a nuevos niveles de comprensión y de claridad en tu vida, en este mundo. Depende de ti hasta qué punto estés dispuesto a abrirte en cada momento; existen niveles ilimitados de información y de energía a tu disposición en cada instante de la experiencia. A medida que te introduzcas en este flujo experimentarás una mayor sensación de paz y de quietud. Te alinearás de manera natural con el lugar en el que se supone que estás en tu vida, porque el flujo te introduce en este alineamiento.

Cuando estás conectado con este flujo natural se te lleva a un nacimiento natural en ti mismo, de tal modo que puedes crecer con el sustento energético de la energía universal. Con ello, tus células se alinean con la nueva fuerza vital de tu yo espiritual, de tal modo que la curación puede darse en todos los niveles. Este aspecto divino de tu luz, al que llamaremos el *Yo*, está aquí para ayudarte a vivir tu misión en el plano terrestre, dándote apoyo y dirigiéndote hacia tu derecho natural de nacimiento, el de disfrutar de la abundancia en todos los niveles.

Cada célula comienza a resucitar y a realinearse con la verdad, como si estuviera teniendo lugar un despertar completamente nuevo. Todo esto comienza en las células del corazón, y es como si de pronto comenzaras a resonar en un nivel completamente diferente, con una fuerza vital expandida; y con ello empiezas a atraer hacia ti experiencias nuevas, personas nuevas y nuevas oportunidades. En conclusión, comienzas a alinearte con lo que por derecho te pertenece en este Universo.

Tu sensación de claridad te llevará adonde tienes que ir, y las palabras *Hágase Tu voluntad* seguirán activando este proceso, profundizándolo y alineando tus células con la verdad y la claridad de tu vida.

Pero tiene que darse un sometimiento, el sometimiento de la mente egoica ante el corazón. El corazón está directamente conectado con tu Yo. De modo que, en realidad, lo que haces es entregar la mente egoica al corazón, a una conexión directa con la luz del Yo. Entregas las preocupaciones, las pugnas y el miedo ante la luz del Yo, y te sumerges en el flujo que te llevará a la alegría, la autorrealización y la claridad. Saldrás de la ilusión tridimensional de la lucha, el miedo y la carencia, y te alinearás con las energías cuatri, quinti y sextidimensionales que te proporcionan aspectos de tu yo ilimitado. Este Yo ilimitado puede crear, fuente del amor ilimitado del Universo, y curarse.

Con el alineamiento de estos espacios dimensionales dejarás atrás la sensación de «carencia»; abrirás la puerta de la prisión en la que te pusiste tú misma a lo largo de vidas enteras, y resucitarás de la limitación y la *carencia*. Te reivindicarás en tu ilimitado potencial.

Hemos estado esperando a que ocuparas tu lugar, y nadie puede ocupar ese lugar, pues te pertenece a ti.

El estrés se ha ido acumulando en tus células como consecuencia de las preocupaciones, de las pugnas y del miedo constante. Ese estrés acumulado genera un estado de malestar en el cuerpo, malestar que da lugar a la enfermedad. Pero cuando tú estás en sintonía con el flujo de tu luz, ese estrés y ese malestar que han estado ahí, en tus células, comienzan a abandonar el cuerpo. Cuando el estrés abandona las células, la energía de la luz del Yo entra en ellas, dándose la regeneración a través de todos los órganos y células del organismo. Así se inicia la sanación física.

En la medida en que te desprendas de la pugna por *intentar* y simplemente comiences a *ser*, tus niveles de energía comenzarán a expandirse, por el mero hecho de que ya no estarás gastando tu energía en el «intentar». Esto te aportará un nuevo nivel de conciencia, una sensación de libertad y de conexión contigo mismo. Te adentrarás en este estado de ser a medida que tú te vayas adentrando en el flujo. Tu flujo te llevará hacia los deseos de tu corazón, sumergiéndote en la pasión de tu corazón. Cuando haces aquellas cosas que te generan pasión te sientes verdaderamente vivo, y en esa vitalidad emerge un nuevo estado de ser que nace dentro de ti. Tú vives a través de tu corazón, y en tu existencia hay amor y hay pasión. Y tú le das ese amor y esa pasión al mundo.

A medida que vayas recorriendo este río de luz, a medida que te lleve la corriente, tomarás conciencia de que el río termina desembocando en un océano de luz. Ese océano de luz es la Consciencia Colectiva, la Unidad. Y cuando desemboques en ese océano será como si te sintieras más definido y más expandido dentro de este estado energético. No desapareces en él; al contrario, te sientes más definido dentro de tu singular aspecto divino en esta energía total del Universo. Y floreces. Tú llevas la singularidad de tu espíritu hasta este lugar, un lugar donde se celebra tu llegada. Se te recibe por todo lo que eres y por todo lo que traes. En este espacio existe una cualidad de amor inspiradora y gloriosa. ¡Hemos estado esperándote! ¡Hemos estado esperando a que ocuparas tu lugar aquí!

No has venido al plano terrestre para hacer algo que no te satisface. Tienes derecho a estar alegre, tienes derecho al amor y a la satisfacción. El Flujo te alinea en una nueva dirección, una dirección en la que hay pasión por lo que haces, en la que hay un propósito. La luz del *Yo* te guiará y te dirigirá, y todo el Universo sustentará este flujo, abriendo multitud de puertas de posibilidades para ti.

Tu vida pasará por un nivel tras otro de transformación, a medida que te alineas más y más. Este alineamiento te permitirá trabajar contigo mismo de una forma nueva, siendo mucho más productivo en el modo en que abordas la vida diaria. Asumirás una mayor responsabilidad por todo aquello que atraigas hacia ti en forma de experiencias en tu vida, comprendiendo que los problemas te llevan a una sanación más profunda en tu interior y a entender la vida de un modo más profundo. Ya no tendrás la sensación de perder el control con los acontecimientos que puedan darse a tu alrededor, ya no tendrás la sensación de ser una víctima, sino que serás consciente de poder utilizar estas experiencias vitales como herramientas de crecimiento. Podrás abrirte a ellas como al regalo de ese instante. Tu corazón se abrirá para darte acceso a tus sentimientos, instante a instante, y estarás verdaderamente presente a cada momento. Y, cuando esto ocurra, desaparecerá la separación con el Yo. Dispones ahora de muchas herramientas con las cuales trabajar, que te ayudarán a estar en tu cuerpo, que te ayudarán a trabajar conscientemente con tus sentimientos.

Cuando algo no funcione en tu vida no será porque alguien te esté castigando.

Simplemente será el Universo, que te estará diciendo que quizás deberías estar haciendo algo diferente, o quizás se trate de algo que conviene que sientas en ese momento. Conviene examinar lo que está ocurriendo en esa situación. Pregúntate: «*¿Qué está pasando dentro que yo necesite sentir?*».

Tienes que sentir eso para que puedas liberarte de aquello que está ahí; entonces, podrás seguir adelante y la situación fluirá de nuevo. Ésta es la forma en la cual puedes mantenerte conectado con el flujo, y dejar que siga llevándote en la vida.

Cada instante tiene una cualidad única de amor que tú puedes recibir. Se trata de una fuente inagotable, y forma parte de los dones divinos que se nos han dado. Solo se puede experimentar a través del corazón, cuando estás en el flujo. Este flujo es el don, tu regalo para ti mismo. Todas las soluciones están dentro del flujo; todo conocimiento está dentro del flujo. Es ahí donde podrás descansar al fin.

Capítulo 6

El perdón del Yo, la resurrección del Yo

Existen algunos procesos emocionales internos muy importantes y necesarios para resolver problemas afectivos con otras personas o contigo mismo, así como con determinadas situaciones de la vida. Estos procesos te liberan energéticamente, de tal modo que cesan las guerras internas que te mantienen distanciado del resto del mundo. En tu corazón se elevan murallas, y ya no eres capaz de recibir. Sí, las murallas te protegen de las situaciones y de la gente, pero también aíslan tu corazón. Ya no puedes recibir las directrices de la intuición, no puedes recibir amor y no puedes abrirte a la plena alegría de vivir y a lo que hay para ti a tu alrededor en todo momento. Te separas de tu Yo, te cierras al resto de la gente y te aíslas del mundo. Estas guerras interiores generan también enfermedades en el cuerpo, en tanto en cuanto la energía se bloquea.

El perdón, tanto a los demás como a uno mismo, solo puede tener lugar cuando la energía que rodea a la situación ha quedado neutralizada. Con el perdón, todo diálogo interno con relación al problema ha desaparecido ya, y tú puedes revisar la situación con calma, sin ningún tipo de energía vinculada a esa situación. Es entonces cuando puedes disfrutar de una verdadera claridad en torno a la verdad de la situación. El diálogo de la mente egoica se ha desvanecido, y tú puedes sentir la situación con el corazón. Y es entonces cuando puedes aprender de la experiencia vivida, asumiendo las responsabilidades que pudiste tener en ella. Entonces, dejas de ser una víctima de la situación, y empiezas a funcionar desde una posición de poder, porque has recibido la enseñanza, el regalo que traía consigo el problema. Esto ocurre cuando te has abierto paso personalmente a través de tus verdaderos sentimientos y emociones relativos a la situación.

Pero para que esto ocurra tienes que darte permiso para sentir cualquier sentimiento que pueda guardar relación con el problema que tienes entre manos. Has de estar dispuesto a respetar cualquier sentimiento que haya en tu interior y a permitir la plena expresión de este sentimiento, sea cual sea, recordando que tú no eres tu sentimiento, y que éste no puede hacerte daño. Tienes permiso para sentir, y tienes derecho a tus sentimientos, sean cuales sean.

Y, mientras sientes, aférrate a la Respiración Consciente, para que la energía conectada con el sentimiento pueda abandonar las células de tu cuerpo. Siéntela, respira y déjala ir. Mientras respiras, la energía de la emoción puede dejar las células de tu cuerpo, lo cual genera una verdadera resolución en tu interior, así como una verdadera liberación de la situación. Si nos incrustamos los sentimientos y guardamos la energía en nuestro interior, la energía del sentimiento quedará encerrada en las células del cuerpo, lo cual generará una congestión en las células. Con ello, no podrá haber una verdadera resolución en torno a la situación, porque los sentimientos no habrán quedado resueltos. Cuando esto ocurre es imposible el verdadero perdón.

La ira es, probablemente, la emoción que más difícil nos puede resultar de aceptar en nosotros mismos, y es que hay una especie de estigma social adherido a la expresión de la ira, una desaprobación no escrita y no pronunciada. La gente, en general, se siente incómoda ante la ira. Por ello, tendrás que ser especialmente consciente para consentirte a ti mismo sentir toda la ira relacionada con el problema en cuestión, y para darte permiso para sentirla y expresarla plenamente del modo en que necesites hacerlo. Es un instante poderoso aquél en el que das rienda suelta a toda esa acumulación de ira y la dejas salir. Tu expresión de la rabia o de la ira no tiene por qué ir dirigida contra nadie en particular; puedes permitirte expresarla simplemente en un espacio abierto, tú solo, o bien con otra persona neutral que esté dispuesta a acompañarte mientras dejas salir tu cólera.

La palabra *perdón* está energéticamente cargada de culpabilidad, de modo que tendrás que abrirte a una perspectiva diferente de la situación y trabajar para soltar y sanar niveles muy diferentes de los problemas. Hay una potente energía que uno *debería* perdonar; y *eso* es lo que hay que perdonar. Sin embargo, en algunas situaciones, quizás no sea posible el perdón. Si, por ejemplo, nos sometieron a muy malos tratos en la infancia, puede ser sencillamente imposible perdonar a un progenitor; pero siempre existe la posibilidad de resolver las cosas en tu interior en lo relativo a todo lo sucedido. Se trata de la resolución de tu propio dolor, de tu propia ira o de tu propia tristeza por los malos tratos. Tu papel en este caso es abordar tus sentimientos, dentro de ti. Esto es lo que te va a sanar. Cuando nos entregamos a ello, la sanación comienza a tener lugar en nuestro interior, con lo cual podemos avanzar en la resolución del problema emocional con este progenitor, por el mero hecho de que ya no tenemos unos sentimientos tan intensos relacionados con él. No dependemos de lo que nuestros padres puedan hacer; dependemos de nosotros mismos y de nuestros sentimientos.

La clave aquí es que tienes que concentrarte en tus propios sentimientos, honrar esos sentimientos y saber que no tienes por qué justificar lo que sientes. En cuanto te pones a justificar tus sentimientos (esto es la mente egoica), te niegas a ti mismo y niegas lo que te sucedió. Y, cuando lo sientas, recurre a la Respiración Consciente para que esa energía pueda abandonar el cuerpo y para que pueda tener lugar una verdadera sanación y resolución.

Cuando somos capaces de desprendernos de estos profundos sentimientos el corazón atraviesa una rápida transformación. Hay una nueva sensación de libertad y de alegría. Cuando nos aferramos al dolor no podemos experimentar la alegría, porque estamos demasiado ocupados intentando contener los sentimientos de dolor, de tristeza y de cólera. Cuando nos quedamos atascados con la expectativa perentoria de *tener que* perdonar nos resulta imposible alcanzar una verdadera sanación en nuestro interior. *Intentamos* perdonar, pero eso no nos lleva a ninguna parte, porque no llegamos a trabajar con nuestros sentimientos. Estamos atascados en nuestra mente egoica, que nos dice que deberíamos haber perdonado algo o a alguien.

Cuando has resultado herido por algo tus sentimientos están heridos; ésa es la verdad. ¿Cuántas veces te has dicho a ti mismo «Oh, bueno, no importa», cuando sí que importaba? ¡Importa, y mucho, dentro de ti! Es imposible perdonar del todo en tanto en cuanto no abordes los sentimientos más profundos de tu corazón. La presión por *perdonar* se interpone en tu camino, impidiéndote seguir adelante y sanar de verdad.

Perdonándote a ti mismo desarrollas el amor, la paciencia y la compasión contigo mismo. Siente tus sentimientos y, luego, con amor y compasión, perdónate a ti mismo. Tú eres «perfectamente imperfecto», como ser humano que eres. Vas a cometer errores. Parte de tu aprendizaje aquí en esta vida es aprender a perdonarte. Te recuerdo las palabras de Jesús: «¿Cuándo te vas a bajar a ti misma de la cruz? ¿Cuándo te vas a resucitar?». No hay nadie que pueda hacerlo por ti.

Perdemos mucho tiempo aferrándonos a la culpabilidad. Cuando uno se ha reconciliado consigo mismo es cuando realmente puede perdonar a otra persona o, al menos, cuando se va a poder desprender de la energía del problema. Y esto es lo verdaderamente importante aquí: liberarse del problema para que pueda haber una liberación energética. La culpabilidad está directamente relacionada con la ilusión de la tercera dimensión que te dice cómo deberías ser tú y qué deberías hacer. Cuando te hallas inmerso en esta culpabilidad tridimensional eres incapaz de abrirte y de conectar con el poder del Yo, de dirigirte hacia lo que necesitas y de disponer de la dirección que se supone te mueve en la vida. La culpabilidad se instauró para controlar, para controlar a la humanidad, para que hiciera lo que se suponía que tenía que hacer, como ser una «buena madre» o «hacer lo correcto», para seguir las normas de la sociedad. La culpabilidad se instituyó para hacerte dócil y para controlarte.

El foco del perdón se halla normalmente en otra persona, cuando en realidad el foco debes situarlo primero en ti mismo y en tus sentimientos. La palabra *reconciliación* es más precisa cuando se habla de este proceso. La reconciliación supone un importante trabajo interior, pues surge tras un viaje de autosanación. Puedes hacer las paces con aquello que te ha ocurrido, desprendiéndote así del bagaje emocional relacionado con esa persona o situación, sanándote así, profundamente, en tu corazón. Cuando el corazón sana es cuando puede resucitar, naciendo a través de ti un nuevo nivel de compasión.

Entonces, comenzarás a vivir a través de un corazón compasivo, podrás sentir compasión por los demás. Es éste otro ejemplo de «Economía Divina» que opera en el plano terrestre.

Conviene que te desprendas energéticamente de los problemas, para que ya no desencadenen reacciones emocionales en tu interior. Pero hay veces en que trabajar los problemas en nuestro interior es de lo más difícil, pues nosotros (el ego) somos nuestros peores jueces. Es sorprendente cuántas cosas podemos llegar a albergar contra nosotros mismos. Y algunas de las cosas por las cuales nos condenamos ni siquiera tienen sentido: sentimientos de culpabilidad, de vergüenza, y frases como «¡*Yo debería haber hecho algo más! ¡Yo lo sabía!*». Este tipo de frase no se forma a partir de la realidad, sino que procede de la mente egoica, basada en el miedo y en la culpabilidad.

Para salir de estos ciclos, comienza simplemente por estar dispuesto a sentir, a sostener tu corazón, a sostenerte a ti mismo y a respirar conscientemente con cualquier sentimiento que pueda darse en tu interior. En ocasiones, cuanto más te consientas sentir, más crecerá el sentimiento. Simplemente, mantén tu compromiso con el hecho de sentir y sigue respirando conscientemente, dispuesto a vivir con cualquier sentimiento que pueda emerger. No hace falta que justifiques ese sentimiento; déjalo estar. Simplemente, siente con cada respiración. Tómate tu tiempo; sé paciente y cariñoso contigo mismo.

En ocasiones, cuando te hallas en mitad de este proceso, puede ocurrir que sientas algún dolor físico en alguna zona de tu cuerpo. Se trata de un problema emocional que comienza a salir de tu cuerpo físico. Tus problemas emocionales no sentidos se alojan en las células de tu organismo. De ahí que, cuando te permites estos sentimientos, las células comienzan a descongestionarse emocionalmente, de tal modo que, durante este proceso de sanación, puedes llegar a experimentar dolor físico. Recuerda que eso está abandonando tu cuerpo.

Así pues, vamos a tratar ahora de cómo trabajar con el dolor mientras éste abandona el cuerpo. Una vez seas consciente de que algo está abandonando tu cuerpo tendrás que poner toda tu atención en la zona en la que sientes el dolor físico. Lo único que el cuerpo te dice con el dolor es: siente aquí, para que tu problema pueda salir de tu cuerpo ahora. En la medida en que lleves allí tu conciencia, el dolor cambiará: puede que se reduzca o puede que aumente. Pero, en la medida en que te muevas hacia el dolor y lo sientas, comenzará a abandonarte. Comprométete con el dolor todo cuanto puedas.

Una herramienta que te puede ir bien es la de darle al dolor un color o una forma. Mientras llevas a tu consciencia ese color o esa forma, inspira y espira por la boca. Conviértete en la textura y el color. Permanece con ese sentimiento y sé consciente de que no habrá nada que no puedas soportar y manejar. No te marques un orden del día; has de estar dispuesto a vivir con aquello que se te presente.

Siempre hay diferentes niveles y capas en los problemas que se aferran a tu cuerpo, pero tú puedes terminar con eso. Algunos de los problemas se establecen por capas, de tal modo que podemos abordar aquellas partes con las que estamos dispuestos y preparados para bregar. Cuando emergen podemos hacerles frente.

Quizás sientas la necesidad de hacer algún ruido o sonido durante este proceso. Deja que el sonido se mueva a través tuyo y llévalo hasta el lugar del dolor. Respira. Quizás tengas la sensación de que tu cuerpo necesita moverse y expresarse con el movimiento. Lleva toda tu consciencia al movimiento y aduéñate de esta parte de tu cuerpo. Es como si el cuerpo estuviera volviendo a la vida y tú estuvieras dándole la bienvenida a esta parte de tu cuerpo. Con esto, recuperas el poder en tu cuerpo, te sueltas y asumes la responsabilidad de la autocuración de tu cuerpo físico.

Vuelve a poner el enfoque en ti mismo y comprométete a trabajar con las lecciones que tienes que aprender de los problemas que hay actualmente en tu vida. Empezarás a percibir cierto nivel de claridad acerca de lo que es cierto y lo que no en estos problemas.

Serás capaz de asumir la responsabilidad por el papel que jugaste en cada experiencia vital, dándote cuenta de que tú también fuiste responsable de lo sucedido. No tienes por qué asumir las responsabilidades de los demás; basta con que te responsabilices de tu parte del problema. Si te descubres pensando en lo que hizo mal la otra persona, suéltalo, respira profundamente y reenfócate en ti mismo. Acepta el sentimiento de ese instante; siente lo que está ocurriendo dentro de ti.

La clave estriba en formularle a tu Yo las preguntas correctas. Las preguntas correctas son poderosas. No tengas miedo de cuáles puedan ser las respuestas; simplemente, ábrete a la verdad en ese instante. La verdad es siempre una puerta hacia la libertad. Una vez sientas la verdad y la aceptes plenamente, sin enjuiciarla, algo en tu interior se desmoronará de repente. Encuentra soporte en el amor y la compasión. Puedes ser compasivo contigo mismo, y no pasa nada con el hecho de que cometas errores; éste es un proceso de aprendizaje. Suelta y respira.

Entre las preguntas que te podrías formular están:

¿Por qué tuve la necesidad de atraer estas experiencias?
¿Qué parte de culpa he tenido yo en esta experiencia?
¿Qué tengo que aprender de esta experiencia?
¿Qué resultados puede tener para mí permanecer en esta situación?

Si no abordas emocionalmente un problema volverá a aparecer una experiencia similar con el fin de darte otra oportunidad para que lo sientas y lo sanes. Es así como funciona el Universo. Te trae una y otra vez el regalo de la lección a fin de darte otra oportunidad para que sientas y aprendas.

Muchas veces oigo a la gente decir: «Siempre me pasa lo mismo», cuando lo cierto es que es así. Y es que ése es el papel de la Consciencia Universal: darte la oportunidad de aprender aquello por lo que viniste aquí. Una vez aprendas la lección, el ciclo se detendrá y podrás seguir adelante. Seguirás recreando lo que necesitas aprender hasta que estés dispuesto a sentir y a aprender la lección necesaria para tu sanación. A medida que sanas, te va quedando más claro lo que ocurre en tu vida y por qué. Te alejas del papel de víctima y empiezas a interpretar un papel consciente en tu vida.

La introspección es una valiosa herramienta que te va a facilitar el alineamiento con tu Yo. Es importante realizar una revisión diaria de lo que te ha sucedido, para evaluar tus experiencias y tus respuestas durante el día, y para reflexionar sobre tus reacciones. Te permitirá regresar sobre tus sentimientos y disponer de la posibilidad de examinar esos sentimientos y esas reacciones en un lugar tranquilo. Te proporcionará tiempo para que te trates con paciencia, amor y compasión, para comprender mejor tus vulnerabilidades y las diferentes piezas emocionales que te componen.

Cuando te aferras al dolor te ves obligado a cerrar tu corazón. Cierras tu corazón con el fin de no sentir el dolor, pero también lo cierras ante cualquier otro sentimiento, cosa que impide que experimentes una profunda alegría y felicidad. Es como si vivieras en una zona neutra, sin sentir nada verdaderamente profundo, desconectado de ti mismo y de los demás.

El corazón es una herramienta receptora; se ha diseñado para eso. A través del corazón recibes amor. A través del corazón recibes abundancia en múltiples niveles, aquí, en el plano terrestre.

Hace falta valor para decidirse a sentir, pero a medida que conectes más y más con tu corazón y te abras a los sentimientos experimentarás la libertad que deviene de sentir en el instante. Pero se necesita práctica para hacer las cosas de un modo distinto al habitual. Cuando consigas un poco de práctica, sentirás la ligereza en tu interior, así como la liberación que comporta el disponer de un mayor control y de una mayor responsabilidad a cada instante.

Hasta este momento has hecho las cosas lo mejor que has sabido y has podido. Perdónate por los errores que hayas cometido y por las decisiones que hayas tomado a lo largo del sendero que no funcionaron de la manera que tú esperabas.

La vida que has creado, esta vida, comenzará a cobrar sentido cuando comprendas de verdad el motivo de las lecciones que la vida ha creado para ti. Entonces podrás dirigirte conscientemente hacia aquello que tienes que comprender y que aprender en el instante presente. Resulta excitante experimentarse uno a sí mismo de una manera nueva y poderosa. Abrazándote a ti mismo te adueñas de la creación de tu propia vida a cada instante. Entonces podrás comenzar a crear conjuntamente tu vida de una manera completamente novedosa.

Se abrirán puertas, pues el Espíritu estará contigo. Y lo más importante: *tú* estarás contigo mismo. ¡Eso es estar vivo! Experimenta la alegría y la abundancia natural a las cuales tienes derecho, moviéndote cada vez más en el flujo de la luz del Yo. Recupera tu poder, tu intuición y tus dones naturales, que te llevarán a vivir tu plan divino para esta vida. Recuerda quién eres en tu yo ilimitado, y ábrete a la abundancia y al amor que siempre han estado aquí para ti. Experiméntalos plenamente.

Y a medida que te abras al amor y a la compasión por ti mismo ocurrirá algo sorprendente: que los juicios con los que has juzgado a los demás desaparecerán y habrá un sentimiento natural de amor y de compasión. Tu corazón se expandirá con ese amor, amor por ti mismo y amor por los demás.

Y, cuando el amor está presente, ya no existe el miedo.

Capítulo 7

Viaje con los pleyadianos, dentro de la Cámara de la Puerta Estelar

El siguiente proceso tiene lugar en la Cámara de la Puerta Estelar, y este viaje generará una excitante aceleración de tu Yo. La Cámara de la Puerta Estelar es como una matriz multidimensional que los pleyadianos han establecido energéticamente para que puedas entrar en otro nivel de iniciación con tu propio Yo de luz. Te llevará a una iniciación mucho más profunda de la que hayas podido alcanzar hasta este punto. Dentro de esta Cámara se te dará acceso a niveles superiores de los espacios dimensionales y, gracias a esta experiencia, podrás ocupar tu lugar de un modo más completo, con una mayor confianza en tu sitio en estos espacios. Te proporcionará la oportunidad de darte a luz en otro nivel de consciencia, donde recordarás quién eres en tu singularidad. Tú estás preparado para esto.

En esta iniciación vas a introducirte en un nuevo nivel de relación con las energías pleyadianas. Es el momento de que te abras a una experiencia directa con ellas, y esto se puede hacer fácilmente con las energías de la Cámara de la Puerta Estelar porque, cuando te alineas con estas esferas dimensionales superiores, te expandes energéticamente y puedes encontrarte con los pleyadianos en un nivel nuevo que, para empezar, te permite comunicarte de una forma más clara con los pleyadianos. Toda comunicación se lleva a cabo mediante transferencia de pensamiento. Estas energías de pensamiento se transfieren sin ningún esfuerzo dentro de la Cámara de la Puerta

Estelar debido a que dentro de la Cámara existe una forma de luz pura. Esa fuerza lumínica pura activa nuevas regiones de tu cerebro para que se abran a la comunicación telepática.

La fuerza lumínica pura de la Cámara de la Puerta Estelar tiene una elevada frecuencia de amor y la energía se introduce en las células de tu cuerpo. Es este elemento amoroso el que te conecta con tu lugar en la red universal. Los pleyadianos pueden encontrarse contigo dentro de esta frecuencia de amor, pues ellos vibran con esta fuerza amorosa y pueden ayudarte a nacer en su fuerza vital pura y en su frecuencia de amor. Tus células quedarán bañadas con esta fuerza vital pura del amor, dando lugar a un nacimiento dentro de cada célula. Los pleyadianos te asistirán mediante un proceso de integración, para que tus células puedan realizar un rápido ajuste a partir de esta nueva energía. Esta integración te permitirá comunicarte con ellos más fácilmente, en tanto en cuanto te alinees con la fuerza amorosa de la Cámara de la Puerta Estelar. Podrás establecer una relación más personal y profunda con ellos, porque tu expansión personal en la luz te llevará a profundizar en la Unidad, y los pleyadianos forman parte de esta Unidad.

Una buena parte del papel de los pleyadianos consiste en mantener abiertas estas plataformas energéticas dimensionales, a través de las cuales podrás moverte y fluir en estos espacios de iniciación. Las células de tu cuerpo se alinearán energéticamente con los niveles superiores de tu luz. Los pleyadianos te observarán mientras te mueves por tus diferentes niveles de iniciación, mientras te das a luz, y continuarán manteniendo abierta la plataforma para que puedas alinearte con los espacios dimensionales expandidos de la Cámara de la Puerta Estelar. No interferirán contigo en estas iniciaciones, pues su compromiso es el de observarte y continuar manteniendo las plataformas energéticas para ti, ayudándote a anclar en las energías cuatri, quinti y sextidimensionales de nuestro planeta.

Se trata de un proceso importante, de la transformación que supone pasar de un planeta tridimensional a un planeta cuatri, quinti y sextidimensional. El trabajo que vas a hacer aquí en los viajes de la Puerta Estelar te ayudará a transformar tus energías. Y la transformación que tendrá lugar en ti será increíblemente poderosa para todo el planeta, en la medida en que ocupes tu lugar dentro del todo universal. Tus nuevas energías serán capaces de transmitir automáticamente una frecuencia superior a través del planeta, siendo de gran ayuda con los nuevos niveles de energía que precisan anclarse en el plano terrestre en este momento.

La Puerta Estelar es un espacio energético multidimensional, pero hay un lugar estable dentro de la Puerta Estelar, un lugar desde donde puedes viajar a muchos y diferentes niveles y desde donde puedes introducirte en niveles multidimensionales de iniciación. Lo han creado los pleyadianos para que te inicies en tu luz a un ritmo acelerado. Los pleyadianos trabajan directamente contigo dentro de la Puerta Estelar; y tú no podrías hacer esto sola, porque son los pleyadianos los que abren la puerta de entrada para ti. Tres pleyadianos te sustentarán energéticamente para que puedas entrar en la Cámara de la Puerta Estelar, y te asistirán cuando te abras por vez primera a las inmensas energías a las que se puede acceder dentro de la Cámara. Tú dispones de los medios para introducirte allí, gracias a la estabilidad existente dentro de la Puerta Estelar y gracias a la ayuda de los pleyadianos. Ellos te enseñarán a trabajar dentro de los espacios energéticos multidimensionales y a conectar con los diferentes aspectos de tu yo multidimensional. Una parte importante de estos viajes la constituye la reconexión con estos aspectos de tu yo multidimensional y el acceso a unas herramientas energéticas que vas a poder utilizar en esta vida. Los pleyadianos te ayudarán con estas reconexiones a medida que vayas estando preparado.

Aprenderás a orientarte a través de estos espacios multidimensionales y, a medida que vayas haciendo viajes, aprenderás a abrirte a la Verdad y al amor que hay en ellos. Con cada experiencia te anclarás más y más en esta realidad y podrás acceder a esta verdad amorosa en tu vida cotidiana, aquí, en este plano terrestre.

En los procesos de la Puerta Estelar siempre estás sustentado por los pleyadianos, que te controlan energéticamente para asegurarse de que logras integrar las energías que abres y en las que te introduces. También se asegurarán de que no te sobrepases contigo mismo dentro de estos niveles energéticos. A medida que te introduzcas y te expandas profundamente en las múltiples aperturas dimensionales de la Puerta Estelar descubrirás un nuevo nivel de alineamiento contigo mismo, una nueva sensación de ligereza y de paz que fluyen a través de la consciencia. Todas estas energías de los viajes dimensionales podrás llevarlas contigo a tu regreso y, cuando las integres en tu campo energético y en las células de tu cuerpo, se transferirán automáticamente a tu vida cotidiana, generando un profundo impacto en ella.

Existen aspectos de tu Yo que florecen dentro de estas energías dimensionales, y las energías que te encuentres en estos viajes te facultarán para sanarte a ti mismo a nivel físico, emocional y espiritual.

Conviene que bebas agua en abundancia para hidratar tus células antes de cada viaje, ya que en éstos aumentan su vibración debido a las experiencias de luz expandida. La luz genera una aceleración dentro de la estructura celular, la aceleración provoca una fricción en el interior de la célula, con el consiguiente aumento de de vibración lumínica e incremento de calor. El agua ayudará a las células a integrar con más facilidad el nuevo nivel de luz al que accederás cuando empieces a iniciarte dentro de estos espacios dimensionales. Por otra parte, la hidratación también te ayudará a asimilar mejor las energías expandidas de la luz y a fluir energéticamente con estos espacios dimensionales.

Bebe también mucha agua tras la experiencia de la Puerta Estelar, cuando hayas concluido el viaje, para ayudar a tu organismo a integrar y ajustar plenamente la energía transformadora que se ha activado en tu sistema. Recuerda que esta energía en la que te has iniciado es tu propia luz, la energía lumínica expandida del Yo que ha entrado en tus células. Esta luz afectará directamente a tu capacidad para sentirte más arraigado y centrado en tu Yo; te llevará a una conciencia más profunda de tu conexión con la fuerza vital que existe en tu mundo y de tu lugar en él. La conciencia que tendrás de los pleyadianos y de las energías espirituales se incrementará en tu vida cotidiana aquí, en el planeta, y podrás utilizar estas ayudas a medida que vayas dando pasos hacia adelante en tu vida.

Hay otros muchos maestros y seres de luz con los que puedes trabajar personalmente. La energía de la Puerta Estelar es un aspecto de la Unidad, y los pleyadianos trabajan conjuntamente con todas las formas de luz dentro de este espacio. La Unidad es todo cuanto existe, y todas las formas energéticas de luz trabajan juntas en el nivel superior de la luz y en la exquisita calidad del amor que existe en los espacios dimensionales de la Puerta Estelar. Se te va a iniciar para que seas una parte consciente más de esta Unidad, para que ocupes tu lugar conscientemente, estando más alineado con las esferas espirituales durante tu viaje.

Se te va a proporcionar un equipo de energías pleyadianas que trabajarán contigo en tus procesos de iniciación, y que se han comprometido a trabajar contigo en la Cámara de la Puerta Estelar y en cualquier otra situación en la que les pidas ayuda.

Los pleyadianos tienen la esperanza de que establezcas una estrecha relación con ellos, una alianza que les permita seguir ayudándote, seguir facilitándote el desarrollo de los múltiples niveles de iniciación existentes fuera de la Cámara de la Puerta Estelar. Durante cada viaje, ellos mantendrán los espacios energéticos necesarios para que tú te puedas desarrollar, y te asistirán en tus iniciaciones, ayudándote a integrar las energías de cada viaje concreto. Los pleyadianos están dispuestos a seguir a tu lado como un equipo, y se han comprometido a ayudarte mientras tú haces tu trabajo en el mundo, si eso es lo que tú quieres.

Antes de que empieces tu viaje, se te va a pedir que adoptes una actitud receptiva. Y vas a tener que hacer esto conscientemente, asumiendo tu responsabilidad y diciendo: «Sí, me abro a recibir esta iniciación». Reivindica tu Yo, tu derecho de nacimiento a recibir y tu poder. Abre el corazón, de modo que puedas respirar con el corazón y tus células se abran en un estado pleno para recibir a tu Yo.

Lo que se te pide es que te sueltes de todo lo que hay aquí en el espacio tridimensional durante este viaje de iniciación, y que estés dispuesto a permitir tu propio desarrollo. Date permiso para abrirte a lo que hay aquí, en este viaje, para ti. Es el momento de hacerlo, de reclamar tu lugar y permitir que el espacio de la Puerta Estelar te lleve a un nuevo estado de tu Yo. Es el momento de nacer a un nuevo aspecto de *ti*, de abrirte a un nuevo aspecto dimensional de ti mismo, de reclamarte.

Este viaje comienza con la misma Formación que se describió en el capítulo 3. Sin embargo, aquí no trabajarás con ninguna otra persona dentro de la Formación. Un equipo de energías pleyadianas ocupará los otros tres lugares de la Formación. El cuarto lugar será el tuyo. Ellas te sustentarán energéticamente mientras llevas a cabo este viaje en las dimensiones de la Puerta Estelar, y crearán espacios energéticos concretos que te permitirán entrar en las esferas de la Puerta Estelar.

Comenzarás activando la base del mismo modo que lo hiciste en el capítulo 3. Una vez la base esté activada, las tres energías pleyadianas te llevarán a una Cámara de la Puerta Estelar.

La Puerta Estelar existe en un espacio dimensional muy diferente del de la Formación. Tiene un nivel energético de luz muy superior, y está vinculado con la red universal. Dentro de la Puerta Estelar está la Cámara de la Puerta Estelar, que es un lugar lleno de luz. Aquí es donde tendrán lugar tus iniciaciones. Es un lugar energéticamente estable donde podrás integrar fácilmente la energía de nacimiento de un nuevo aspecto dimensional tuyo.

Una vez se concluyan las iniciaciones, las energías pleyadianas te llevarán de vuelta a la base de la Formación, donde integrarás los nuevos aspectos de ti mismo en las células de tu corazón. Yo estaré también contigo, energéticamente, durante el viaje. Y el Espíritu también estará contigo. ¡Todos estaremos observándote y celebrando este nacimiento!

Capítulo 8

Manifestarse a través del Corazón Sagrado

Ha llegado el momento de que empieces a trabajar con tus propias capacidades de manifestación. La manifestación es una parte natural de tus capacidades divinas, de esas capacidades que tienes que desarrollar en esta vida, en este plano terrestre. Te has olvidado de quién eres y de lo que eres capaz de hacer. La capacidad para manifestar es algo de lo que te has olvidado, algo que tienes que recordar. La capacidad para manifestar es un don natural que tú tienes y que siempre has tenido. De lo que se trata es de recordar, no de aprender algo nuevo; es un despertar en ti mismo para recuperar tu poder, dirigiéndote hacia ti mismo y permitiendo que esta capacidad se manifieste.

Para manifestar has de asumir la responsabilidad de la creación conjunta de tu vida y has de aceptar tu creación. Tienes que comprender que mereces disfrutar de la abundancia en tu vida por un mero derecho natural de nacimiento, para que estés dispuesto a recibir la vida que quieres crear para ti mismo.

No tener suficiente es una de las mayores ilusiones del plano tridimensional. El hecho de que te creas esa «carencia» te mantiene en la impotencia.

Llevas muchas vidas interpretando ese papel de víctima, y ha llegado ya el momento de despertar y de reclamar tu derecho a manifestar.

Cuando hablo de abundancia en todos los niveles me refiero a:

- **Abundancia económica:** Tienes derecho a toda la abundancia económica que desees. Has de saber que tu abundancia no tiene nada que ver con la abundancia natural de ninguna otra persona; nunca podrás tener demasiado. Tu abundancia es ilimitada; cada persona decide cuándo está preparada para recibir esta abundancia.

- **Salud física:** Tu salud física juega un importante papel en la calidad de vida de la que disfrutas. Una parte del proceso de manifestación consiste en manifestar células sanas, para que puedas mantenerte físicamente fuerte, y tus células pueden y deben vibrar desde un nuevo alineamiento con la luz del Yo, y formar parte del pulso o latido universal. Cuando este nuevo alineamiento comience a tener lugar, disfrutarás de una nueva sensación de bienestar físico.

- **Abundancia emocional de amor:** Puedes disfrutar de la abundancia del amor en tu vida, puedes recibir el amor y el apoyo del Universo, al tiempo que te abres a las relaciones de amor con otras personas, relaciones con gente que te respeta, arraigando en las profundas conexiones del corazón. Una parte del proceso de manifestación consiste en ponerte en sintonía con estas energías, para que puedas nutrirte de estas profundas conexiones del corazón.

Toda manifestación se lleva a cabo a través de la conexión con tu corazón Sagrado. Has llevado a cabo muchos procesos para limpiar el corazón, alinearte con él y comenzar a vivir conscientemente a través de él. Ahora ya estás preparado para convertirte en creador consciente de tu mundo. Se trata de un enorme paso, pero te va a proporcionar una grandísima libertad.

Mediante tu corazón Sagrado vas a conectar con tu pasión y con el deseo de tu corazón. Conviene que, cuando te abras a aquello que tú quieres crear en tu vida, te abras también a recibir la energética viva de tu creación. Tienes que recibir esta «energética viva de tu creación» a través de tu corazón Sagrado. Con lo de «energética viva de tu creación» quiero decir que, sea lo que sea lo que tú desees crear, sea lo que sea lo que desees para ti mismo, eso tiene un patrón energético. Es una energética viva. Así pues, una vez sabes cuál va a ser tu creación, te percatarás de su patrón energético. Tú puedes percibir esa energía, contempla esa energía, siéntela. No importa cómo se presente ante ti. Todo cuanto se crea comienza con esta energética viva. Y, una vez establecida, puede arraigar en este plano terrestre. *Tu* proceso de manifestación pone en marcha esta energética viva. Cuando tú diseñas lo que quieres para ti se forma un molde energético en el Universo. Y cuando llevas tu consciencia hacia ese molde y lo traes hasta tu corazón Sagrado, ese molde se activa, se convierte en una energética viva. Entonces es cuando se hace posible que esto arraigue en una forma física en tu vida.

Hace falta valor para abrirse a esta energía, porque su activación conecta con la pasión de tu corazón. Es algo vivo, y tú vas a tener que encontrarte con esta energía apasionada a través del corazón. Es como si el corazón se excitara cuando comienzas a vivir con esta nueva energía de la activación de tu pasión. En realidad, el corazón se expande con la energía de tu creación, y hay una nueva parte de tu fuerza vital que circula a través de las células del corazón. Esta energía es la luz del Yo. El corazón va a pasar por una rápida transformación, y va a haber una aceleración en todo el organismo cuando la manifestación comience a activarse.

Éstos son los pasos que tienes que dar para poner en marcha este proceso:

1. El primer paso, de suma importancia, es observar con atención, con todo detalle, la vida que estás viviendo ahora. Esta es la vida que has creado para ti hasta este momento.

2. Tienes que asumir la autoría de tu creación. Esto significa que tienes que asumir la responsabilidad de tu creación. En tanto no estés dispuesto a asumir la responsabilidad de tus pasadas creaciones, no serás capaz de manifestar un nuevo molde para

tu futuro. Es esencial que asumas como propio todo lo que has creado, que asumas como propio cada elemento.

3. Comienza a participar activamente en tu vida, revisando lo que has creado para ti momento a momento. Tendrás claro por qué has generado determinadas situaciones cuando el Yo conecte con el corazón, cuando sepas que necesitas de todas esas experiencias, y que cada una de ellas te ha traído hasta lo que tú eres en este preciso instante. Tienes que estar abierto a todo lo que tú aportaste en tu creación y a las lecciones que tu creación te ha traído.

4. Luego, tienes que darte las gracias por la enseñanza recibida y por las lecciones aprendidas. Da gracias por lo que has creado y reconoce que necesitabas tener estas experiencias.

5. Tienes que dedicar algún tiempo a esta creación tuya, tratándote a ti mismo con compasión, amor y paciencia, mientras te tomas tiempo para examinar a fondo lo que has estado viviendo y lo que has creado para ti mismo hasta este momento. Es éste un paso muy potente, y conviene no precipitarse en el proceso. Parte del proceso puede ser doloroso, pero no apartes de ti el dolor; simplemente, respira y date tiempo para detenerte en cada instante. Todo cuanto ha sucedido, en cada instante, tiene que sopesarse de una forma sagrada. Siéntete, siente el viaje, y respira.

Una vez hayas revisado tu vida, ponte la mano en el corazón Sagrado y ábrete al deseo de tu corazón para tu vida actual. Siente qué partes de tu vida necesitan cambiar, qué partes has creado para ti mismo que ya no te sirven. *Tú* puedes hacer los cambios ahora. Pero date cuenta de que no tienes por qué hacer esto solo. Te hallas en el flujo de la luz del Yo a través del corazón Sagrado. Tú puedes soltarte y dejar que ese aspecto del Yo te ayude a aceptar esas oportunidades y esas nuevas experiencias para las que ya estás preparado.

En este punto del proceso convendrá que prestes atención particularmente a esa parte de ti que quizás tenga la sensación de no merecer más. Esa parte de la mente egoica tiene que comprender que tú has hecho las cosas lo mejor que sabías y podías en la existencia que has vivido hasta este momento. Ha habido errores, pero los errores son una parte natural de cualquier proceso de aprendizaje.

Los errores son inevitables en la vida, parte integral del mero hecho de ser humanos. No son actos diseñados para hacer daño a los demás; son solo actos que crean algo, una onda que se difunde por el mundo.

Estas ondas están diseñadas para expandirse, dando lugar a experiencias para otras personas, a fin de que puedan vivir experiencias humanas.

Despréndete de la vergüenza y la culpabilidad, de los reproches a ti mismo por no ser perfecto y de los errores cometidos. Vuélvete hacia ti mismo con amor, con compasión. Has de estar dispuesto a abrirte a ti mismo en un acto de perdón. Olvídate de esa ilusión de la perfección, y comienza a amar ese aspecto de tu yo humano. Vuélvete hacia ti mismo y date un abrazo cariñoso, y regresa a las palabras del *Yo soy*.

Es muy importante ser conscientes de las ilusiones en la ilusoria realidad tridimensional, siendo capaces de dar un paso atrás y de observar cómo esas ilusiones juegan en tu mundo, como si estuvieras observando una representación teatral en el escenario, mientras interpretas tu papel. Estate agradecido por estar aquí en este momento y por ser plenamente consciente de las ilusiones que hay ante ti.

Cuando te comprometas a sentir y a sanarte a ti mismo de las heridas internas que has recibido por el mero hecho de ser un ser humano aquí, en este plano terrestre, ábrete a la profundidad de tus sentimientos y honra esos sentimientos. Esos sentimientos podrán abandonar el cuerpo entonces, liberándonos así en otro nivel. Has de estar dispuesto a comprender la verdad de tus viajes y la verdad de tu vida: que viniste a tener experiencias, pero no a quedarte colgado en los problemas. Tú solo viniste por la experiencia en sí. En modo alguno tenías por qué aferrarte al dolor, a la vergüenza y la culpa; simplemente, ten la experiencia, siéntela y déjala ir.

Respira profundamente y acepta definitivamente desprenderte de tu historia, y de todas las piezas de ti mismo que tuvieron que ver con las historias y que constituyeron tu vida.

Tienes derecho a seguir adelante y a consentirte algo más. Date permiso para recibir. Recibir es tu derecho divino.

¡Es el momento de seguir adelante!

Es el momento de activar un molde, un plan, que manifieste lo que quieres para ti en esta vida. ¿Cuál es el deseo de tu corazón?

Ábrete conscientemente a tu corazón y respira. Abandona la mente egoica mientras conectas con tu corazón Sagrado. Llévate la mano al corazón físico y, luego, pon toda tu consciencia en la mano, siente la presión de la mano, y respira. Cierra los ojos, y deja simplemente que toda tu energía y toda tu consciencia entren en el corazón.

Mantén los ojos cerrados y simplemente respira, dejando que la energía se acumule en el corazón Sagrado, y que la energía del molde se active a través del corazón y se expanda a través de las células. Mientras te consientes la descripción más detallada de lo que quieres que se manifieste, se expanda y fluya a través del corazón, sentirás que nuevos niveles de energía se acumulan en torno a esta manifestación. La manifestación comienza a nacer, a través del corazón y, posteriormente, en tu mundo.

No existen límites en cuanto a lo grande que pueda ser tu manifestación; deja que se forme una imagen completa. Puede darte la sensación de que esta manifestación tiene vida propia, a medida que el corazón se expande y conecta con este proyecto. La energía del Yo conecta directamente con el corazón. Esta acumulación de energía es la activación de tu manifestación del Yo.

No tiene importancia saber cómo va a tener lugar esta manifestación. La luz de tu Yo es la directora, y la Consciencia Universal asistirá en la manifestación de tu molde energético. No tienes por qué saber los detalles o cómo se va a manifestar aquello que quieres. Una vez te abras al deseo de tu corazón y comiences a construir el molde energético, podrás despreocuparte y presenciar cómo tiene lugar la manifestación.

Cuando este molde comience a nacer en el plano terrestre, tu fuerza vital se expandirá a través de las células debido al hecho de que estarás viviendo apasionadamente. Desde siempre se supuso que tenías que vivir de esta apasionada manera, una pasión que hace que estés verdaderamente vivo. Reclama tu abundancia. Nunca podrás tomar demasiado; es ilimitada en forma.

No se te hizo para forcejear con la vida. Sé que esto es difícil de creer, cuando todo lo que ves a tu alrededor es lucha. La lucha es una intensa creencia tridimensional que se viene representando en este planeta desde hace muchas vidas. Lucha y miedo, lucha y miedo… un patrón de creencias egoicas que ha estado muy activo en el plano terrestre, y es tu ego el que te ha mantenido en este patrón debido a sus limitaciones.

Pero el tiempo del gobierno del ego ha terminado para ti. La vida te va a resultar más fácil, mientras te sueltas y te dejas llevar por el flujo de la abundancia que recorrerá tu vida cuando se manifieste en tu mundo la activación de ese molde.

«Pero, ¿cómo puede ser tan sencillo?», te preguntarás. Pues soltándote y dejando que el Yo te lleve en cada momento. Se te está pidiendo que te abras y que permitas que los milagros ocurran en tu vida. Ábrete a la maravilla de cada momento, y permítete recibir la abundancia. Tú te mereces esa abundancia; eres digno de recibir todo eso que, por derecho, es tuyo. Simplemente, suéltate, sabiendo que eres perfecto tal como eres en este momento.

Abre tu corazón ahora, llévate la mano al corazón y respira profundamente. Sé consciente de que te estamos sosteniendo con muchísimo amor. Tienes mucho valor, pues has llegado muy lejos. Nosotros te sostenemos en este momento, con un grandísimo amor y con un enorme respeto.

Cada uno de nosotros tiene una responsabilidad en este plano terrestre, la responsabilidad de asumir y de vivir nuestro aspecto divino. Cada uno de nosotros es único, y esa singularidad se necesita aquí, ¡ahora! De lo que se trata es de que seas todo lo que tú eres, y de que tengas la disposición y el coraje de vivirlo, dejando que te lleve allí donde tengas que ir. Ten el coraje de dar un paso adelante y de aceptar lo que tienes que hacer en tu vida, viviendo tu pasión y discurriendo con el flujo.

Cuando estás en el flujo, las puertas se abren sin ningún esfuerzo.

Cuando activas la manifestación del deseo de tu corazón, éste se expande cada vez más. El corazón está conectado con el alma y tiene la capacidad de llevarte hasta aquello que tu alma desea. Cuanto más preparado estés para vivir a través del corazón y para activar tu potencial de manifestación, más fácil será que experimentes tu pasión y tu verdadera misión. Ábrete al lugar al que perteneces en el mundo. Atrae hacia ti a las personas que necesitas para que te apoyen en tu singular viaje, lo que yo llamo tu «familia del alma».

▲

Para empezar a conformar lo que tú quieres para tu vida

1. Introduce tu respiración en el cuerpo físico, lejos de la cabeza, en las cercanías de tu corazón físico. Formula lo que quieres para tu vida, lo que quieres que se manifieste en tu vida y qué aspecto quieres que tenga tu vida. Sé muy específico.

2. No te preocupes por los detalles de cómo se va a dar todo esto. No intentes pensar en lo que viene después, pues no te va a dar las respuestas correctas. La mente no tiene respuestas para llevarte en este viaje. No hará otra cosa que mantenerte en el ciclo de la monotonía y la frustración. La conexión con el corazón Sagrado te dará las respuestas que necesitas. Si la mente egoica te genera dudas, lleva simplemente tu consciencia al corazón y respira. Volverás a sentir la verdad y la serenidad.

3. Mantente físicamente conectada con el corazón durante este proceso; llévate la mano al corazón y respira conscientemente, mientras determinas lo que vas a manifestar.

4. No te limites en cuanto a lo que puedes tener. Ábrete completamente a la abundancia.

▼

Esto reestructurará tu vida de un modo positivo, trayendo cambios allí donde se necesitan cambios, y ampliando relaciones y aspectos de tu vida que resuenen con la verdad del lugar adonde tienes que ir. Sustentará tus necesidades, las necesidades de tu corazón, las verdaderas necesidades del Yo. Te estás alimentando a ti mismo con el alimento espiritual del Yo.

Lo único que desaparecerá serán aquellas personas y cosas que ya no te son de utilidad y que no se basan en nada auténtico para ti. Cuando empieces a vivir la verdadera vida por ti mismo estarás automáticamente presente en el instante. El mero hecho de estar en el instante te saca de tu estado de separación. Ya no estarás solo. Estarás mucho más presente para ti mismo y, después, de manera automática, más presente para la gente que te rodea.

Cuando empieces a vivir hacia la totalidad y la verdad aparecerá una nueva autenticidad; no la perfección, pero sí el compromiso con la verdad. Te alinearás con una nueva integridad en tu vida y experimentarás grandes cambios. La activación del molde energético que vas a manifestar será suficiente para alinearte. Es el momento de abrirte a este estado pleno de receptividad. Todo eso es tuyo; siempre ha estado ahí, esperándote.

Tu mundo vendrá a tu encuentro cuando te alinees con el ritmo del Universo. El latido de tu corazón se alineará con el latido universal. Reconocerás la Verdad; no tu verdad, sino la Verdad universal.

Esto no significa que no vaya a haber retos a lo largo del camino, sino que fluirás con estos retos y que no te enfrentarás tú solo a ellos. Notarás fuerzas renovadas y comprenderás tu misión en el plano terrestre, sea cual sea. Vivir de este modo genera un prodigioso reequilibrio en el plano terrestre, y tú pondrás tu parte en ello.

Cuando trabajas con el deseo del corazón te introduces automáticamente en el flujo. Es muy importante no forzar nada hacia la acción. Cuando se dé la dirección correcta y el instante correcto te percatarás de que las cosas van a parar a su sitio sin ningún esfuerzo. Allí donde aparezcan resistencias no intentes empujar ni pretendas forzar un resultado. Simplemente, déjate llevar, sabiendo simplemente que o no es el momento oportuno o es que no es aquél el lugar al que tienes que ir. Cuando aparezca la oportunidad, cuando se abra la puerta, pasa por ella. Si respetas esta norma te mantendrás en el flujo, y se te llevará adonde tienes que ir para dar tu siguiente paso. Puedes confiar en ello.

No te aferres al modo en que vas a llegar al sitio donde quieres ir, qué aspecto tendrá o cómo funcionará. ¡Simplemente, confía! Deja a un lado la mente y deja que el corazón te lleve. La energía del Yo orquestará divinamente tu nueva vida mientras hace su trabajo, manifestando el molde en tu vida.

La inspiración del Espíritu está más allá de lo que la mente humana puede saber, reconocer o comprender, de modo que la *confianza* es un factor muy importante. Es imperativo llegar a confiar en nuestra humanidad. Cuanto más dispuesto estés a confiar, más se te acercará el Espíritu y más te ayudará en el milagro de tu vida. No puedes escuchar al Espíritu un día y no escucharlo al día siguiente. Tienes que seguir todas las directrices dadas para que se te lleve adonde tienes que ir para que se manifieste tu objetivo. No tiene ningún sentido pedirle ayuda al Espíritu para, después, una vez dada la directriz, seguir los senderos que mejor se te adaptan a ti y no los demás. De este modo no irás adonde quieres ir. Tienes que seguir las directrices al pie de la letra o no seguirlas. O confías o no confías; es una decisión tuya, momento a momento, paso a paso. Solo tú puedes encontrar las respuestas para ti. Tendrás ayuda desde los reinos espirituales (una tremenda ayuda) y el amor te envolverá de continuo.

Depende de ti el mantener tu corazón abierto a este amor, dejar que te transforme y sanar tus muchas vidas de dolor. Deja que entre en tu vida y en las células de tu cuerpo esa ilimitada abundancia de apoyo y de amor. Ha llegado el momento, y es tu derecho de nacimiento disfrutar de ello. No tienes que ganarte el derecho a ese amor; no tienes que cambiar nada en ti para disfrutar de ese derecho. ¡Es suficiente con lo que eres y tal como eres!

¡Tal como eres es suficiente!

Respira e introduce en ti esta Verdad. El amor que está a tu disposición en cualquier instante es ilimitado. Lo único que tienes que hacer es salir y abrirte a este profundo amor. Recuerda que solo puedes acceder a él a través del corazón.

El ser humano tiene un problema para aceptar la sencillez de esta verdad. Vidas y más vidas de condicionamiento y de autocríticas te han mantenido separado de este amor. Básicamente, no crees merecer que te amen de este modo. Pero solo si estableces un vínculo con el corazón serás capaz de apreciar hasta qué punto eres precioso, serás capaz de recobrar la inocencia y serás capaz de volver a experimentar esta inocencia y sentirte lo suficientemente seguro como para aceptar tu vulnerabilidad y vivirla.

Vulnerabilidad no significa que seas débil. La vulnerabilidad te introduce en un lugar de fuerza y de claridad que te permite mantenerte en las inmediaciones del Espíritu, en las inmediaciones de tu corazón Sagrado, de la verdad y del recuerdo de quién eres en realidad. Te enlaza de nuevo con los ilimitados dones de tu Yo divino, y te permite comenzar a utilizar estos dones ahora, en esta vida.

Capítulo 9

Expandiendo tu iniciación en la energía de la Pirámide Sagrada, dentro de la Formación

Valoro profundamente el hecho de que hayas llegado a este capítulo. Ante ti hay otro aspecto de las iniciaciones de la Formación. Estas iniciaciones te llevarán a niveles dimensionales más profundos dentro de las energías de la Pirámide Sagrada, energías que son poderosas y profundamente transformadoras.

Es realmente importante que te concentres en permanecer en el instante mientras viajas por estos niveles dimensionales más profundos de la Pirámide Sagrada. Recuerda que, cuando accedes plenamente al instante, la separación se desvanece automáticamente. Así pues, permanecer en el instante significa estar plenamente alineado con el *ahora*, no pensar en el pasado ni en el presente, sino llevar tu conciencia hasta el don que hay ante ti en este instante, permitirte recibir plenamente las energías y las experiencias que hay ante ti. Entonces serás capaz de encontrarte con estos nuevos espacios expandidos de una forma personal e íntima. Hay un sendero único abierto para cada uno de vosotros en estos viajes sagrados, de tal modo que podáis acceder a vuestro espacio personal estando presentes en cada respiración, y de tal modo que podáis activar los senderos con vuestra consciencia a medida que se revelan. Pero tendrás que estar presente para hacer eso, por cuanto tú tienes que decir *sí* conscientemente ante cada abertura única. Estás ocupando tu lugar una vez más, estás dando un paso más, conscientemente, hacia tu Yo. Los pleyadianos son los responsables de la formación de estas aberturas, y tú estás preparado para estas aberturas personalizadas. A través de tu conexión con el corazón Sagrado conectarás con estas iniciaciones y experiencias específicas.

Se te está pidiendo que mantengas un estado de fluidez cuando inicias tu viaje. Esto te permitirá abrirte al flujo en los espacios que se abrirán dentro de la Pirámide Sagrada. Se te va a pedir que des un paso adelante y que ocupes tu lugar dentro de la Pirámide Sagrada; y, cuando des ese paso conscientemente, tu lugar energético emergerá dentro de este espacio. Vas a encontrar tu singular lugar dentro de esta abertura. Después, dependerá de ti si te haces uno o no con ese espacio.

Vamos a hablar de cómo te mueves tú dentro de este estado de Unidad. El deseo es importante, al igual que el estar consciente dentro del espacio y respirar; pero, cuando hagas esto, olvídate de todo cuanto existe en este mundo tridimensional. Tienes que olvidarlo todo durante unos breves instantes para que pueda darse una plena unión entre tú y este espacio energético. Esto te hará posible reclamar estas energías e integrarlas en tus células.

Con todo esto, lo que estás haciendo es aceptar tus propios aspectos multidimensionales, reclamarte a ti mismo en otro nivel y arraigar este aspecto expandido de ti en las células de tu cuerpo. Esto te permitirá utilizar estas energías en tu vida aquí, en el plano terrestre. Podrás introducirte en un flujo más profundo con tu Yo a través del corazón, y darte a luz en una inspiración más profunda de tu corazón sagrado. Así pues, no olvides llevarte las manos al pecho y respirar, para que puedas estar plenamente en tu cuerpo y plenamente conectado con el corazón, en tanto tu corazón atraviesa otro nivel de transformación.

Son muchos los viajes que se pueden emprender aquí; cada uno de ellos abrirá ante ti un viaje singular y diferente por tu lugar dentro de la Pirámide Sagrada. Y cada vez que trabajes con las indicaciones que te doy aquí tu viaje será diferente. No busques cada vez las mismas experiencias. Cada viaje se establece de manera singular para ti, y cada viaje reviste importancia por sus contenidos diferentes y su multidimensionalidad. La mente egoica podría intentar recrear una experiencia a partir de tu último viaje; pero tú no querrás que esto ocurra, ¿verdad? Lleva tu consciencia al corazón y mantente en el corazón durante el viaje.

Cuando conectes con la Pirámide Sagrada comprenderás mejor tu capacidad para crear en el Universo y para orientarte en un nivel totalmente nuevo, con la energía de la fuerza vital que hay en tu interior. El trabajo en la Pirámide Sagrada te ayudará a utilizar tus propias energías de la fuerza vital, manifestando y trabajando con tu yo apasionado como compañero creador. Aquí reclamas aspectos de ti mismo y te realineas con tu poder personal. Mientras amplias y desarrollas tus habilidades para estar en el instante, tu propia conciencia te llevará a nuevas experiencias.

Dado que el *tiempo* es una de las grandes ilusiones de esta tercera dimensión, cada fotograma de cada instante va a disponer de una capacidad ilimitada para llevarte a experiencias cada vez más profundas. Estos espacios dimensionales son intemporales. Cuando lleves tu consciencia a una experiencia y respires profundamente te darás cuenta de que tus experiencias comienzan a expandirse, a cambiar, a profundizarse. Simplemente, déjate llevar por esa expansión, y déjate fluir en la energía o la experiencia presente. Esto lo conseguirás llevando tu atención a la energía o experiencia, soltándote y respirando, concentrándote más y más en lo que está sucediendo. No importa cuan sutil pueda ser tu experiencia. Tú puedes abrirte con la misma facilidad tanto en una experiencia sutil como en una experiencia intensa.

Cuando entres en un espacio dimensional dentro de la Pirámide Sagrada puede darte la impresión de haber estado ausente durante horas o días. Y, sin embargo, volverás de este viaje poco tiempo después, según el tiempo terrestre. Dado que no existe el *tiempo*, podrás tener una experiencia dentro de la Pirámide Sagrada y, luego, en una fecha posterior, traer de vuelta tu consciencia a ese momento y continuar trabajando con la misma experiencia, expandiéndola en otros muchos niveles. Una vez hayas entrado en un espacio dimensional y hayas puesto en marcha y arraigado las energías en tus células, podrás reentrar en este espacio en cualquier momento. Se trata de un punto muy importante, un punto que conviene comprender bien: que puedes volver a cualquier experiencia e integrarte plenamente en todos los aspectos de tu experiencia en un nivel profundo. No importa cuánto tiempo haga que tuviste la experiencia, porque el tiempo en verdad no existe. Tú siempre podrás volver a utilizar estas conexiones. Volver a experiencias poderosas tiene un grandísimo valor, porque siempre hay nuevos niveles dentro de las experiencias de los que puedes recibir algo y en los que puedes iniciarte. Cuando estés preparado para los nuevos niveles, podrás recibir iniciaciones más profundas. No estarás solo cuando vuelvas a entrar en estos espacios dimensionales; las fuerzas pleyadianas y espirituales estarán siempre contigo, apoyándote en iniciaciones expandidas.

La energía de la Pirámide Sagrada tiene una serie de sagrados y poderosos espacios dimensionales geométricos. En realidad son puntos de entrada en los que iniciarte. Para entrar por estas aberturas lleva simplemente tu consciencia hasta la experiencia que estás teniendo y déjate llevar, fluyendo simplemente en lo que está sucediendo. Respirarás y te concentrarás plenamente en la experiencia. Esto te llevará hasta una puerta de entrada, y te conectará con tu experiencia de iniciación. Tú tienes un lugar dentro de esta Pirámide Sagrada, y depende de ti el encontrar y ocupar tu lugar dentro de este espacio.

Cuando te muevas por este espacio y ocupes tu lugar conscientemente te abrirás a un espacio casi familiar. Ocupar tu lugar puede parecerte una experiencia poderosa, expandida, en la que te reúnes con un aspecto de tu energía, y puedes encontrarte aquí con herramientas sagradas con las que puedes reconectar, y hacer buen uso de su poder en tu vida. Cuando te sumerjas en estos poderosos aspectos de ti mismo recibirás una descarga de tales energías en las células. Comenzarás a abrirte a nuevos alineamientos de ti mismo a través de los diferentes niveles de iniciación que tienes a tu disposición dentro de los espacios dimensionales que hay en la Pirámide. Pero conviene que arraigues en las células de tu cuerpo la energía que traigas de vuelta en cada viaje. Para ello, llévate simplemente las manos al pecho y haz una Respiración Consciente a través de las células. Tienes que seguir haciendo esto hasta que puedas sentir el aliento moviéndose por todo tu cuerpo. La energía que traes de vuelta en tu viaje por la Pirámide es un aspecto de tu propio Yo luminoso. Cada uno de estos viajes generará una aceleración en tu despertar. Te volverás a realinear con el Yo, y cada viaje te introducirá en otro nivel del Yo, y llevará al cuerpo físico a otro nivel de transformación y sanación.

Cada vez que realices uno de estos viajes tendrás una experiencia muy diferente (porque tú serás diferente), y cada vez que lleves a término un viaje traerás otro nivel de tu luz de regreso hasta tus células. Estos viajes son oportunidades de nacimiento constantes, oportunidades que están a tu disposición. ¡Es algo excitante y maravilloso!

Cuando te encuentres en la energía de la Pirámide Sagrada convendrá que te abras a cada instante, así como a la energía que haya allí para ti. Es esencial mantener el flujo de la respiración, lenta y conscientemente. Simplemente, ponte la mano en el pecho y siente esa respiración; *sé esa respiración*. Déjate llevar. Cada vez que te abras plenamente al instante te abres más a ti mismo y te anclas más en ti.

Recuerda: la respiración le dice *sí* al instante; «Sí, estoy dispuesto a abrirme a un estado de receptividad plena». Y con ese *sí* de la respiración le das permiso a las energías pleyadianas para que te ayuden a descargar en las células tus energías iniciadoras, instante a instante, respiración a respiración. Los pleyadianos llevan un control energético del proceso, de tal modo que es imposible que te excedas en la absorción de energías. Esto te permitirá abrirte y expandirte plenamente en estas energías iniciadoras, sabiendo que estás plenamente asistido y monitorizado.

El mero hecho de abrirte conscientemente de esta manera a cada instante te llevará a un estado de Unidad con todas las cosas, liberándote de la separación. Cada experiencia individual de cada momento te lleva a un nuevo nivel de alineamiento contigo mismo y con tu flujo dentro de la Consciencia Universal. Ciertamente, te alinea de un modo más íntegro con ese flujo de Unidad.

Si trabajas con este proceso durante unos instantes cada día podrás constatar que te introduces en un estado más profundo de conciencia, y que lo haces de una manera natural. Verás que estás regresando a tu estado natural de Unidad, y que es en este estado de cada instante donde puedes realinearte con tus dones naturales.

Este proceso de iniciación, de apertura a tu poder dentro de la Pirámide, te va a permitir estar más presente en tu vida diaria; y te va a introducir de un modo más completo en tus experiencias porque te alinearás de forma más natural con cada instante. Tu vida adoptará un aspecto más brillante. La conciencia de tu conexión contigo mismo se expandirá; todo te parecerá más rico, y más pleno en ciertos aspectos. Tienes mucho que experimentar aquí, a diario, en cada experiencia. Cuando estás verdaderamente abierto al instante, viviendo tus experiencias, descubres un nuevo nivel de fuerza vital en todo, y tú te alineas con esa fuerza vital.

Dentro de la Pirámide te vas a encontrar con un diseño sagrado para ti. Sé consciente de que este diseño sagrado es únicamente tuyo. Se trata de un tipo de molde energético que se activará a través de todas tus células, despertándote a otro nivel de ti mismo. Te dará acceso a nuevas energías dentro del cuerpo, de tal modo que te resultará más fácil reconocer tu misión aquí, en esta vida.

Déjate llevar y date permiso para experimentarte en otro nivel en la medida que puedas, mientras trabajas dentro de las energías dimensionales de la Pirámide. Ábrete al apoyo y al amor del Universo, mientras accedes al aquí y ahora de tu iniciación.

Capítulo 10

Pertenecer al Todo, a la Unidad

Ya estás preparado para iniciar otro nivel de tu viaje, un viaje que te dará acceso a tu lugar dentro de la Consciencia Colectiva. Yo comparo la Consciencia Colectiva con un inmenso océano, compuesto por billones y billones de gotas de agua. Cada gota de agua es un aspecto divino único del todo, y tú eres una de esas gotas. Dentro de esa gota tienes un aspecto divino único que te hace parte del océano entero, dentro de esta Consciencia Colectiva.

Ha llegado el momento de que des otro paso adelante para alinearte aún más con tu Yo. De lo que se trata aquí es de reclamar tu lugar, de reclamar tu singularidad con una acción consciente. Se trata de que recuperes tu poder, haciendo la declaración de *Yo soy*. Esto forma parte de la Profecía de Autosanación, que te viene a decir que vas a recuperar tu poder ocupando tu lugar conscientemente en este momento, realineándote con tu aspecto divino dentro de tu lugar en la red universal, que es en esencia la Consciencia Colectiva. A medida que te hagas más consciente de la existencia de tu lugar te resultará más fácil anclar energéticamente este alineamiento a través de tus células. Entonces podrás vivir con estos nuevos alineamientos, que te llevarán a un aspecto más consciente de tu Yo mientras vives aquí, en este plano terrestre.

Cuando vuelves a sintonizar con tu lugar dentro de la red universal comienzas a recordar aspectos de tu papel aquí y de lo que has venido a lograr aquí. Esta red es en realidad como una inmensa rueda de luz en la que cada uno de nosotros tiene su lugar en el Universo, y una parte de nuestro viaje consiste en reconectar con nuestro lugar en la red universal. Cuando te realineas, tu lugar en la rueda de luz, tu lugar en la red, se activa e irradia pulsos de luz, y esta luz activa tu singular firma lumínica irradiándola por todo el Universo.

Cuando te realineas con tu lugar en la red es cuando puedes comenzar a transmitir un resplandor que es únicamente tuyo. Eres capaz de trabajar y canalizar conscientemente esta energía del Yo a través de tu cuerpo físico en el plano terrestre. Esto te permitirá vivir con la certeza de lo que has venido a hacer aquí en esta vida, y te dará las herramientas necesarias para completar este viaje. También te permitirá conectar y utilizar conscientemente la ayuda que te llega de los reinos espirituales y energéticos, para que puedas realizar tu trabajo formando parte de un equipo energético.

El establecimiento de la conexión con tu lugar en la red es un proceso gradual del despertar a tu Yo. Has de saber que existen alineamientos en curso que seguirán teniendo lugar dentro de la red universal en la medida en que tú estés preparado para recibir energéticamente más aspectos de tu Yo.

Tu lugar te está esperando para conectar a nivel *consciente*. Esto significa que tienes que empezar a ser consciente de tu alineamiento y de tu lugar dentro de la red universal. Entonces, podrás comenzar a irradiar tu energía, tu consciencia consciente. Y cuando te abras a tu lugar único en la red recordarás aspectos de ti mismo. Podrás percibir una sensación y una comprensión de ti mismo a nivel humano más profunda, al tiempo que resintonizas con tu propia naturaleza espiritual.

El amor y la compasión por ti mismo emergerán de forma natural a medida que te vayas haciendo consciente de estos dos aspectos de ti; y, lo más importante, sentirás tu humanidad y te comprenderás mejor en cuanto al hecho de ser un ser humano en este plano terrestre, y valorarás el coraje que te ha traído hasta aquí, porque ya no te condenarás a ti mismo por tu vida, sino que serás capaz de apreciar el viaje que has estado llevando hasta este punto. Este movimiento consciente hacia la activación de tu lugar en la red constituye una gran parte de tu despertar. Cuando te alinees conscientemente con tu lugar en la red conectarás con un nuevo nivel de tu intuición, por el mero hecho de que estarás sintonizando con este aspecto superior del Yo, que es parte de la Consciencia Colectiva. Se puede acceder a todo conocimiento a través de este espacio.

La mente egoica se resiste increíblemente a la Consciencia Colectiva, pero si bajas al corazón podrás sentir la verdad. Mantente en el corazón durante este proceso; mantén la mano en tu divino corazón y respira. ¡Ten en cuenta estas cosas!

Te has estado sintiendo pequeño durante demasiado tiempo, creyéndote muy limitado, motivo por el cual todas tus capacidades naturales han estado adormecidas. Esto te mantiene atado a tu *ilusión tridimensional de carencia, de lucha y de impotencia*. La mente egoica nos tiene prisioneros en la ilusión tridimensional, por lo cual es esencial que te desprendas del hábito de aferrarte a la mente.

Cuando hablo de capacidades naturales, recuerda que me refiero a nuestra capacidad de crear, a nuestra capacidad de sanarnos a nosotros mismos, a nuestro derecho natural a disfrutar de una abundancia ilimitada en todos los niveles, a esa ilimitada energía que podemos extraer de nuestro interior y a la capacidad para conectar con el aspecto multidimensional del Yo.

El Universo celebra el hecho de que ocupes tu lugar porque tu energía es necesaria para la verdadera unión, para que el puzle quede completo. ¡Activar tu lugar dentro de la red supone una gran diferencia!

Cuando tomas conscientemente tu lugar en la red universal, las células de tu cuerpo pasan por una transformación en lo relativo a la conexión con este nuevo aspecto lumínico. Cada célula de tu organismo tiene un transmisor, y el proceso de aceleración activa ese transmisor dentro de cada célula, de tal modo que comienzas a atraer hacia ti diferentes experiencias energéticas en este mundo y en tu vida. Y debido al hecho de que tu nueva vibración atrae niveles superiores de experiencias energéticas, éstas llegan en la forma de nuevos niveles de abundancia en tu mundo.

El transmisor dentro de la célula ha estado latente hasta ahora, pero comienza a vibrar en la medida en que te abres conscientemente a tu lugar en la red, y te ayuda a arraigar de un modo más íntegro en ese lugar. Se trata de un paso excitante y monumental para ti, puesto que estás accediendo a otro nivel de tu poder. Te pone en sintonía con la Verdad y el Conocimiento del Universo, y te permite anclarlos en tu vida en nuevos niveles. Es como si estuvieras enganchado ahora a un sólido cable de conexiones y pudieras ver con más claridad y comprender mejor tu vida. Todo esto te permitirá moverte de un modo muy diferente en el mundo.

La claridad y la comprensión de tu conexión con la red universal te permiten moverte y estar en el mundo, al tiempo que sigues conectado con los reinos espirituales de la Consciencia Colectiva. Mientras vivas, te sentirás cobijado dentro de un abrazo amoroso, capaz de sentirte uno con todos los seres vivos de este planeta. Encontrarás en esto un profundo apoyo, mientras anclas el amor aquí en la Tierra, y este alineamiento te prestará grandísimas asistencias en tu viaje por la vida.

Sin esta activación *consciente*, tus células no van a poder activar el transmisor para el Yo. Tú dispones de libre albedrío en este plano terrestre; por tanto, tú tienes que elegir el momento en que quieres que se inicie este nivel de despertar. Nosotros no podemos interferir; es más, no deseamos interferir. Pero este despertar se ha hecho posible en este momento gracias a la Profecía de Autosanación, que se activó en enero de 2009. Nosotros mantenemos el espacio para que tú puedas desarrollarte y despertar ahora.

Lo único que se te pide es que aceptes la posibilidad de que exista un lugar que te pertenece dentro de la Consciencia Universal, que tú tienes un lugar que debes activar a través del corazón. Cuando aceptas esa posibilidad llevas tu consciencia hacia arriba, hacia tu lugar, y respiras, reclamando tu lugar. Cuando hagas esto será cuando se activarán los transmisores de tus células, iniciando su alineamiento con la Consciencia Universal. Tú puedes hacerlo. No tienes nada que perder y todo que ganar. Recupera tu poder; recupera a tu Yo. Reivindícate.

Has conectado ya con tu lugar único en algún nivel, pero ahora ha llegado el momento de alinearse de un modo más completo con este lugar del Yo. Va a ser un proceso paso a paso que te va a llevar a un lugar cada vez más profundo en tu interior. Cuando des ese paso adelante, la energía de tus células comenzará a pulsar y a expandirse. Es luz; *tu* luz. La conexión de esta luz en el interior de tus células te lleva al despertar: un despertar de la verdad universal, y una nueva claridad dentro de ti acerca de esa verdad.

Empezarás a recibir indicaciones claras y precisas. Te comprenderás mejor a ti mismo, y comprenderás mejor el viaje de tu vida hasta este punto, así como lo importante que ha sido todo lo que has experimentado en este viaje.

Cuando conectas con los conocimientos ilimitados que existen en la Consciencia Universal se pone en marcha un despertar acelerado que te conecta con un nuevo nivel de creatividad dentro de ti, una creatividad divina que está conectada con el elemento amor en toda fuerza vital. Tú serás exclusivamente tú, fluyendo como parte del amor que existe dentro del Océano de Luz en la Consciencia Colectiva.

Cuando entres en este océano de consciencia te definirás incluso aún más dentro de la singular firma de tu naturaleza divina. No habrá ninguna sensación de pérdida del Yo dentro de este Océano de Luz. Al contrario, experimentarás un aspecto más completo de ti mismo. Habrá una nueva claridad, que te proporcionará una experiencia mucho más definida de quién eres y un sentido más profundo de tu lugar en este planeta.

Desde el plano terrestre florecerás cuando ocupes tu lugar dentro de la Consciencia Universal, conservando muchas energías y capacidades singulares a partir de las cuales te desarrollarás. ¡Te convertirás en un luminoso faro en el mundo, transmitiendo hacia el exterior tu singular firma de luz!

Capítulo 11

La sanación física a través de las células

Ha llegado el momento de que te abras a tu capacidad natural para la autosanación, al proceso de sanación de tu propio cuerpo físico. Pero aquí hay distintas fases y aspectos. No hay dificultad en ninguno de los aspectos, pero tienes que explorar y experimentar cada uno de los pasos del proceso siendo consciente de que cada paso que das es importante. Descubrirás que cada paso te lleva de regreso hacia la sanación de una parte de ti mismo.

A medida que te introduzcas en este proceso de autosanación comenzarás a desarrollar una relación muy diferente con tu cuerpo físico. Empezarás a llevar tu conciencia a cada una de tus células y a conectar con ellas, hecho esencial para toda autosanación física.

Cuando llevas la consciencia a tus células, éstas se abren a un tipo de conexión energética diferente, así como a una relación diferente contigo. A partir de ese momento, fluyen con un nuevo ritmo y una nueva fuerza vital, casi con un nuevo latido cardíaco. Ciertamente, se alinean con un flujo o ritmo energético que las conecta con el Yo superior, activándose en ellas un pulso que las vincula directamente con el latido universal. Este nuevo flujo o fuerza vital del interior de la célula pone en marcha un proceso curativo en el interior de todas las células del organismo, de tal modo que las energías densas relacionadas con la enfermedad se transforman y el cuerpo se cura. Ese flujo permite que los órganos se regeneren con nueva fuerza vital.

La membrana que reviste el exterior de la célula se abre energéticamente y se expande, momento a partir del cual se comporta como un receptor para esta conexión lumínica. Los espacios existentes entre las células se expanden entonces con esta nueva luz, haciéndose todo muy fluido, tanto dentro como alrededor de la célula.

Las células de tu organismo tienen una increíble capacidad de regeneración, y responden rápidamente a tu conexión *consciente* con ellas. En cuanto tú te abres conscientemente a tus células, ellas comienzan el viaje hacia la sanación física, este viaje de transformación. Recuerda: se trata de tu cuerpo, y se trata de tus células. Conviene que reclames conscientemente tu propiedad sobre las células de tu organismo, a fin de que puedas comunicarte con ellas. El mero hecho de reconocerlas es el primer paso hacia la comunicación. A través de esta interacción, lo que haces es reconocer a tu Yo en un nuevo nivel. *Tú eres tus células*, y todas y cada una de ellas comienzan a despertar así, en la medida en que tú despiertas también. Percibirás una enorme diferencia en tu cuerpo físico, que sentirás de inmediato como más vivo. A través de las células se abren nuevos niveles de luz, lo cual supone el principio de un cambio de energía.

Se te está introduciendo en un nuevo aspecto energético de las células de tu cuerpo, dándote una nueva conciencia del modo en que las células de tu organismo pueden relacionarse contigo y cómo puedes relacionarte tú con ellas. Todo esto te proporcionará una gran claridad, permitiéndote trabajar en estrecha relación con tus células. Se te darán otras herramientas que te permitirán trabajar de un modo más profundo y consciente para cultivar conjuntamente tu sanación física. Las células tienen cierta consciencia y, en la medida en que tú y tus células os pongáis a trabajar en equipo, pueden darse procesos curativos espectaculares.

Cuando tengas esta relación íntima con tus células, todo tu cuerpo cambiará. Tu cuerpo se comunicará contigo de un modo completamente diferente. Sabrás lo que tu cuerpo necesita en cada momento.

Trabajando con esta nueva dinámica descubrirás que todo en ti comienza a transformarse. Entrarás en una experiencia de Unidad con todos los seres vivos de este planeta, y tu sanación se acelerará en la medida en que podrás recibir el amor que está a tu disposición en la fuerza vital; y las células de tu cuerpo podrán utilizar este amor para curarse a sí mismas y regenerarse.

Cuando disuelves la separación generas una abertura natural a través de la cual recibes un aspecto de tu abundancia que está esperándote desde siempre. Con esto entrarás en un proceso acelerado de autocuración física, paso previo destacado a la hora de recuperar tu poder y recobrarte en un nivel completamente nuevo.

Mal-estar[4]

El dolor es la única forma en que tu cuerpo puede comunicarse contigo cuando existe algún tipo de mal-estar en tu cuerpo, tanto si ese malestar viene creado por una emoción no expresada como si es que existe un problema físico que se ha desarrollado en las células de tu organismo. El dolor dice: «Préstame atención». Lleva tu atención a esa región de tu cuerpo.

Normalmente, nuestra reacción suele ser la de alejarnos del dolor, tomar un analgésico y liberarnos de él lo antes posible. Pero la acción más efectiva, la que realmente se llevará el dolor y te sanará, consiste en enfocarte en ti mismo, en tu cuerpo y en el dolor. Tú decides conectar conscientemente con tu cuerpo físico y sentir lo que hay en el dolor; porque allí donde hay dolor físico hay siempre un dolor emocional no expresado.

Las emociones no expresadas se quedan encerradas siempre en las células de tu cuerpo. Toda vez que no seas capaz de sobreponerte a tus sentimientos, éstos se quedarán encerrados en las células de tu cuerpo. Estos residuos emocionales se hacen densos y se acumulan en las células, de tal modo que el mal-estar emocional acumulado se convierte en malestar, en enfermedad física. Así pues, cuando se pone en marcha el dolor físico, el cuerpo está diciendo: «Siénteme».

---

4. La palabra original inglesa es *Dis-ease*, que se traduce por «enfermedad». Pero la autora la ha fragmentado con el guion, diferenciando *ease*, que es «comodidad», «alivio», «naturalidad», y siendo *dis* un prefijo de negación. *(N. del T.)*

El siguiente paso que tienes que dar consiste en llevar la consciencia hacia el dolor y respirar. Tienes que respirar por la boca, no por la nariz. La Respiración Consciente te abre con más facilidad a tus sentimientos. Al principio, el dolor puede incrementarse; pero no pasa nada; eso es bueno. Es bueno porque es la señal de que has conectado con ese lugar. Lleva tu consciencia a un nivel más profundo del dolor y haz otra Respiración Consciente. Te vendrá bien darle al dolor un color o una forma; ¿qué aspecto tiene?

A medida que profundices en el dolor quizás sientas algún tipo de emoción. Parte del proceso consiste en que te abras a los sentimientos que necesitan ser expresados, de modo que permítele a tu cuerpo que exprese esos sentimientos, de tal modo que pueda sacar el dolor emocional, liberándose así del dolor físico.

Quizás sientas que necesitas mover tu cuerpo; esto también es bueno. No obligues al cuerpo a moverse, ni siquiera facilites el movimiento. El movimiento del cuerpo es automático. Y si llevas la consciencia plenamente al movimiento mientras éste sucede conectarás con el movimiento y te convertirás en parte de la experiencia. Cuanto más te hagas parte de la experiencia, más fácil será que el problema pueda abandonar el cuerpo limpiamente. La Respiración Consciente (por la boca) te ayudará también a conectar con la experiencia, y te ayudará a sacar el problema emocional de las células. Pero es esencial que, durante el proceso, trabajes solo con la Respiración Consciente; inspirando y espirando por la boca. Asegúrate de que tu respiración es lenta y profunda. Una respiración rápida te va a alejar de la experiencia plena del problema emocional, por lo que convendrá que ralentices la respiración y lleves la consciencia al lugar del dolor mientras respiras.

El sonido es otra manera en que la energía bloqueada y el problema emocional pueden abandonar las células del organismo. Mientras haces esa Respiración Consciente, deja que un tenue sonido salga con el aire que exhalas. No has de crear tú el sonido; es como si el sonido se moviera a través de ti. Cuando te abres al sonido con la consciencia quizás tengas la experiencia de convertirte en sonido. Cuando esto ocurre es como si te introdujeras en otro estado. Comienzas a experimentar una profunda sensación en tu interior, a medida que el problema emocional que está dentro de las células comienza a abandonar el organismo. Cuando esto ocurre, hay una enorme liberación de energía emocional. La densidad desaparece, y entonces puede entrar en las células la luz curativa. Ahora, puede tener lugar la sanación.

No tienes por qué ser consciente del contenido del problema. En realidad es mejor no saberlo porque, en este caso, la mente egoica no puede interferir en el proceso. Según mi experiencia, si realmente es importante para ti saber cuál es el problema que está abandonando el cuerpo y comprenderlo, se te revelará durante el proceso.

Conviene que sepas que todos los problemas profundos que se alojan en el cuerpo se desprenden normalmente por capas. Para que se dé una verdadera curación tienes que integrar plenamente en tu interior las diferentes capas del problema. Así pues, ten en cuenta que quizás ahora estés tratando con una capa del problema, pero que luego puede emerger a la superficie otra capa del mismo problema, y más tarde otra. El viaje en sí es poderoso. Al igual que si pelaras una cebolla, hay muchas capas que extraer, de modo que sé paciente contigo mismo y ábrete a la energía de tu viaje de autosanación.

Honra cada paso que des y deja que el proceso siga su curso. En cada persona, el proceso puede tomar un curso diferente, y todos pasamos por un proceso de sanación individual. No puedes comparar tu viaje con el de ninguna otra persona, y conviene que no permitas que la mente egoica se ponga a juzgarlo todo en el proceso. Has de mantener una sólida devoción por ti mismo y valorar profundamente tu propia resurrección.

Si trabajas contigo mismo de este modo sentirás una profunda sensación de libertad, así como una sensación de ligereza cuando te desprendas de las capas de la emoción que ha estado aferrándose a tus células. Pero también debes saber que, a medida que te desprendas de esas capas, tus problemas ya no volverán. Habrán desaparecido para siempre por el mero hecho de que tú has decidido hacer frente a tus sentimientos, por lo que el problema ya no puede aferrarse al cuerpo.

Yo pasé por mi propio proceso curativo con aquel lupus sistémico. Llegué a darme cuenta de que tenía una cantidad increíble de traumas no resueltos de mi infancia a los que nunca me había enfrentado, y que esos traumas aún estaban alojados en las células de mi cuerpo.

Cuando el dolor comenzó a hacer presa en mi cuerpo no le presté atención. El mal-estar emocional tenía que expresarse, pero yo era incapaz de comprender esto en aquella época. Luego, la enfermedad física se cebó en mí. Yo quería que alguien me arreglara aquello y me liberara del dolor. No se me ocurrió que yo pudiera asumir mi responsabilidad o mi parte en la sanación física. Cuando finalmente desperté y me di cuenta de que tenía que trabajar con mis emociones internas, cuando me di cuenta de que tenía que asumir la responsabilidad de mi propia curación, fue cuando comencé a recuperar mi poder. Ahí fue donde comenzó mi verdadero proceso curativo.

Estas ideas acerca del proceso curativo no eran mías; eran pensamientos inspirados que un aspecto de mi Yo luminoso me había ofrecido. En aquel momento, cuando yo estaba tan enferma, yo estaba cerrada a cualquier cosa de tipo creativo. No tenía ni una sola idea original en mi cabeza. Lo único que pude reconocer fue la verdad de lo que aquellos pensamientos inspirados me podían ofrecer. Pude reconocer la verdad, y por eso me estaré siempre agradecida a mí misma. En realidad, yo no comprendía este proceso, pero sabía que tenía que confiar en lo que se me estaba mostrando. Había una fuerza espiritual que me empujaba hacia delante, hacia mí misma; una parte de mí que había perdido hacía mucho tiempo. A través de esta conexión con el Espíritu, se me dieron atisbos e ideas de mí misma y de mi proceso. Yo no tenía la sensación de que aquellas ideas procedieran de mí; retrospectivamente, ahora sé que procedían de un aspecto de mi Yo luminoso, y de muchos auxiliares espirituales.

Tuve que recurrir a todo el coraje del que pude echar mano para enfrentarme a algunos de los más profundos problemas emocionales de mi pasado. Comencé a abrirme paso a través de algunas de las viejas heridas que yo tenía. El proceso fue terriblemente doloroso, pero supuso también un alivio increíble desenlazar toda aquella maraña que había en mí y sentir que una nueva parte de mí emergía en la vida.

Ahora puedo decirte que aquello fue lo mejor que me podía haber ocurrido. Dio la vuelta por completo a mi vida y me llevó de la muerte a la vida, y he seguido adentrándome más y más en la vida desde aquella época de mi enfermedad. Cada día me comprometo a adentrarme cada vez más en la vida.

No hace falta que te lleves hasta el extremo como hice yo, a menos que evidentemente lo hagas. Quizás necesitas esa experiencia, como me pasó a mí.

Los aspectos más importantes de este proceso inicial son la atención que les das a las células de tu cuerpo y el despertar de una nueva relación entre tú y tus células. Ellas tienen la clave de tu curación, de modo que es esencial que reconozcas la verdad de que tú eres tus células y que cultives una relación de Unidad con ellas. Esto sucede automáticamente con este proceso, una reunión con tus células, cuando comienzas a conectar conscientemente.

Trabajando con las células

Tu cuerpo está compuesto por miles de millones de células. ¿Cómo vas a trabajar con ellas? En realidad, es un proceso fácil. Vamos a hablar del modo en que puedes experimentar directamente la conexión con tus células e iniciar el proceso curativo.

Paso 1

Abre tu consciencia y reconoce la existencia de todas las células de tu cuerpo. Con esto, tu energía comenzará a fluir automáticamente hacia todas las células. No tienes que hacer ningún esfuerzo para ello; simplemente, déjate llevar y deja que tu energía fluya de forma natural hasta cada célula. Recuerda: la ley universal dice que, cuando tú llevas tu atención/consciencia hacia algo, la energía va automáticamente hasta el lugar donde has puesto tu atención. Así pues, cuando tú llevas tu consciencia a las células, éstas comienzan a sentir tu conexión consciente, con lo cual se abren y responden, ¡iniciándose así el cambio! ¡Tú comienzas a cambiar!

Paso 2

Mientras conectas de este modo, conscientemente, con tus células, lo único que tienes que hacer es respirar: inspirar por la boca y espirar por la boca, dejando que el aliento salga sin ningún tipo de control. Simplemente, déjalo salir. Con ello, el aliento irá automáticamente a todas las células de tu cuerpo físico. Los pleyadianos llaman a esta respiración la «Respiración de Barrido», porque barre automáticamente todas las células de tu organismo; y, en ese preciso instante, todas ellas comienzan a responder a tu conexión consciente. Es lo mismo que la Respiración Consciente.

Recuerda que la Respiración Consciente dice dos cosas: «Sí, estoy dispuesto a soltar todo lo que se adhiere a mis células» y «Sí, estoy dispuesto a recibir mi luz y mi sanación a través de mis células».

Así pues, lo que realmente ocurre con este barrido, con esta Respiración Consciente, es que todas las células de tu cuerpo se sueltan, se dejan ir. Las células comienzan desprenderse del estrés, de la pugna y del cansancio que se ha ido acumulando en ellas a lo largo de esta vida y de otras vidas. Y cuando esta energía densa abandona las células es cuando un nuevo nivel de tu luz puede entrar en ellas. La membrana celular es capaz de transformar su energía abriendo la célula para que reciba luz sanadora. Con esto se activa la energía de la autosanación y las células comienzan a regenerarse.

Cada célula tiene un corazón central, de tal modo que, mientras te abres a la célula, el latido cardiaco o pulso comienza a despertar. Es como alimentar el más leve parpadeo de una luz, que se convierte de inmediato en una llama; y es que cada una de tus células tiene que ser como esa llama para que la sanación pueda tener lugar. Tus células necesitan amor, y la luz del Yo es la que les aporta ese amor, despertando a cada una de ellas y activando la consciencia individual de cada una. Una nueva fuerza vital entra en la célula y, mientras todas ellas comienzan a florecer, sus membranas exteriores se transforman. Se hacen más radiantes, y en la membrana en sí se puede atisbar una suave luz púrpura, algo que se puede percibir o contemplar.

La célula recibe sus alimentos a través de esta membrana exterior y, a medida que ésta se transforma, se hace más capaz de absorber nutrientes. El espacio existente entre las células se expandirá, permitiendo que cada célula albergue un aspecto más individual del Yo. Los espacios entre las células disponen de la conexión con el resto de aspectos dimensionales tuyos, los aspectos curativos del Yo. Así, a medida que los espacios se abren, el principio de autosanación se activa de forma natural en tu interior.

En ocasiones, puede que experimentes algo de dolor físico, toda vez que las áreas densas se abren y abandonan el cuerpo. Para acelerar este proceso, lleva simplemente tu atención al punto en que sientes el dolor y utiliza la Respiración Consciente. Recuerda que es aconsejable darle un color y/o una forma a la zona en la que sientes el dolor. Luego, lleva tu consciencia a esa forma o color, y respira directamente en ella. El dolor puede hacerse más intenso en ese momento, lo cual significa que el problema está abandonando el cuerpo.

La clave de este viaje con las células estriba en el hecho de que estés dispuesto a recibirte de una manera totalmente nueva, en estar dispuesto a abrirte a este aspecto de tu cuerpo. Es algo poderoso, y también muy hermoso. Se trata de un acontecimiento increíble de presenciar, del nacimiento físico de tu Yo, de la recuperación de tu poder para la autosanación.

La sanación de zonas concretas de tu cuerpo

Vamos a ver cómo puedes trabajar en la sanación de zonas o problemas concretos de tu cuerpo. Puedes sanar un problema existente en tu cuerpo abriéndote a esta nueva relación con tus células. Una vez establecida esta relación puedes comenzar a trabajar en el lugar específico de tu cuerpo, en colaboración con tus células. No importa dónde se halle el problema en tu organismo; puede ser un problema pequeño o un problema agudo. Puede ser en un órgano, en los músculos, en los huesos o en un sistema corporal. Todos los procesos de sanación se abordan del mismo modo, estableciendo primero una nueva relación con las células y, después, trabajando con la región específica de tu cuerpo.

Si el problema se halla en una zona concreta, tendrás que llevar la consciencia a esa zona. Esta región tendrá cierta densidad. Todo tu enfoque y toda tu intención deben situarse en sentir lo que ocurre en las células. Comienza por llevar la consciencia a ese espacio, suéltate y lleva tu Respiración Consciente a ese espacio. Cuando lo hagas, explora el área con la mente y pregúntate qué color hay en ese punto, y que sensación te llega desde ahí: ¿es algo fluido, suave, duro, caliente o frío? Una vez percibas esta sensación, lleva la consciencia a esta área y utiliza la Respiración Consciente. Sigue trabajando en el lugar paso a paso, instante a instante. No te precipites; simplemente, comprométete con el proceso. Puedes hacerlo lentamente, poco a poco, o puedes hacerlo con más rapidez; depende del tipo de problema con el que estés tratando.

Cuanto mayor sea el problema físico que esté teniendo lugar en tu organismo, mayor será el problema emocional que se aferra a ese punto. Comprométete con toda la zona donde reside el problema emocional, y sigue sintiendo la zona densa y los cambios que tienen lugar allí mientras te sueltas. Cuando la zona comience a abrirse te dará la sensación de haberte quitado un peso de encima de los hombros, y te embargará una nueva sensación de libertad. Continúa con el proceso hasta que la zona quede completamente transformada y hayas terminado la sanación.

En mi propia experiencia curativa, yo disfruté de una maravillosa sensación de consecución, mientras me abría a este proceso y conseguía abrirme a mi cuerpo de una forma nueva. Descubrí una conexión y una relación con mi cuerpo físico completamente diferente. Sentí una profunda intimidad entre mi cuerpo y yo; y pude captar lo que éste necesitaba en términos de nutrición, ejercicio, sueño y ocio.

También me di cuenta de que disfrutaba de una sensación diferente en cuanto a mi conexión con la naturaleza y a cómo mi cuerpo recibía las fuerzas naturales: cómo recibía mi cuerpo realmente la energía y los nutrientes de la naturaleza. Fue maravilloso sentirme conectada con mi cuerpo por vez primera en mi vida.

Tomé conciencia de que los pensamientos que tenía acerca de mí misma se transmitían por todo mi organismo y eran absorbidos por mis células. Tenía que empezar a amar a esta forma física mía, y seguir abierta al principio del amor por mí misma con mis células. En la medida en que hacía esto, mi curación se aceleraba. Así pues, sé consciente de los mensajes que le envías a tu cuerpo físico, y examina cómo te sientes respecto a tu cuerpo. Eso tiene un impacto directo en tus células.

Lo más importante en este viaje de autosanación es ser consciente de que se trata de un proceso de cambio gradual. No hace falta que lo hagas a la perfección. Márcate la intención y da los pasos de uno en uno. Y no vas a tener que hacerlo solo. Vas a tener la ayuda y el apoyo de los reinos espirituales y de los pleyadianos; simplemente, ábrete y pide ayuda.

Capítulo 12

El trabajo con el Capullo

Ya estás preparada para trabajar con el Capullo. El Capullo es una forma energética que vas a crear tú solo; es algo multidimensional, y vas a ser tú quien lo haga nacer. Los pleyadianos van a mantener abiertas las energías para ti, para que puedas crear esta forma energética, que te ayudará a crecer y rejuvenecer física, espiritual y emocionalmente. La mejor manera de describir la experiencia del Capullo es con el retorno al útero materno. El Capullo te permite crecer energéticamente y, al mismo tiempo, te sumerge en un profundo estado de descanso. Este estado de descanso es diferente a cualquier otra cosa que hayas experimentado en el plano terrestre; evidentemente, es esta forma multidimensional la que te mantendrá mientras pasas por un profundo proceso de metamorfosis en tu cuerpo. Te permitirá liberar tu sistema nervioso del estrés, con el consiguiente efecto en todas las células de tu cuerpo.

La energía del Capullo genera un entorno asombrosamente seguro y nutriente, que activa el proceso de autorregeneración en el nivel físico, el emocional y el espiritual. La creación de tu Capullo te va a permitir activar un intenso proceso de regeneración celular en tu sistema, que dará lugar a una profunda curación en tus células. Te dará acceso a nuevos niveles de tu propia luz divina para las células, y te alineará con los aspectos multidimensionales del Yo. También te facilitará la integración de tus energías, a medida que te das a luz a ti mismo en tu despertar del Yo.

El Capullo dispone de una energía tal que permite que las células se hallen en un profundo estado de descanso. Cuando descansas en el Capullo, el estrés de las células se disipa, y la energía de tu cuerpo se restablece hasta un nuevo nivel de equilibrio, de tal modo que puedes realinearte con las energías naturales del Yo.

La energía que se crea en el Capullo se encuentra en un nivel dimensional diferente al que tú hayas podido experimentar hasta el momento en este trabajo. Y cuando digo diferente quiero decir que la energía que está presente en el Capullo es especialmente energética en lo relativo al rejuvenecimiento, y que la experiencia en sí puede ser muy profunda y puede resultarte un tanto extraña, si la comparas con las experiencias que has tenido hasta este punto. Es este aspecto singular de la energía el que se forma para ti aquí, en tu Capullo; es una energía única para el nacimiento y la integración. Tu sistema necesita de algo así, especialmente con las energías de despertar que has incorporado en los viajes en la Puerta Estelar y la Formación. Y es especialmente útil si te hallas en un proceso de auto-sanación física y emocional, dado que acelerará tu proceso curativo debido al profundo estado de descanso que proporciona.

Tu Capullo está ahí para ayudarte a integrar mejor las transformaciones que están teniendo lugar en tu interior, para que tus alineamientos con el Yo se puedan integrar más fácilmente y puedas introducirte en el flujo natural con tu Yo en muchos más niveles.

La energía del Capullo te acoge constantemente dentro de este lugar de descanso y, una vez activada, te será de gran ayuda en tu transformación. El Capullo es otra herramienta a la que puedes recurrir, una herramienta que propicia integraciones más profundas con estos nuevos estados de despertar. Pero lo más importante es que el Capullo te sustenta a diario, envolviéndote energéticamente mientras te mueves por el mundo, sumiéndote en un profundo lugar de descanso.

El Capullo es también un lugar de curación para tus niños interiores, porque ellos se sienten sustentados en este espacio. Existe tal sensación de seguridad en su interior que terminan entregándose a un verdadero descanso. Para aquellas personas que hemos tenido una infancia traumática, el Capullo es un puerto seguro, en el cual esos niños interiores que están tan asustados pueden desprenderse de algunos de sus miedos y comenzar a encontrar el descanso que tanto necesitan. La sanación puede empezar para ellos, de tal modo que tienen la oportunidad de sanar algunas de sus heridas más profundas, generándose un proceso de resurrección en el interior de este espacio.

El hecho de dejar que tu niño o niña interior te ayude a construir tu Capullo tiene muchas ventajas. El niño interior aporta una energía al Capullo que te puede ser muy útil, una energía a la que no necesariamente tienes acceso habitualmente. Estos niños interiores tienen una inigualable esencia de inocencia y de dulzura en el corazón, y esta energía se entreteje en tu Capullo. Por este motivo resulta ventajoso y es sumamente útil dejar que tu niño o tus niños interiores colaboren en la construcción del Capullo. Sus energías son puras y poderosas, dado que aportan creatividad al proyecto de construcción del Capullo y, más importante aún, aportan la energía de la alegría.

La construcción de tu Capullo puede ser un esfuerzo conjunto y una maravillosa manera de conectar con tu niño o niña al mismo tiempo. En nuestras ajetreadas vidas, se hace a veces difícil encontrar tiempo para cultivar una relación con el niño o la niña interior, y resulta muy fácil olvidar nuestros aspectos infantiles. En el Capullo, tú y tu niño o niña compartís la experiencia, con lo cual puedes llegar a sanar algunos de tus problemas de separación. La conexión con el niño en tu vida es sumamente importante, y puede traerte muchas bendiciones. Necesitas la conexión con tu niño interior para poder llegar a integrarte en tu interior, y tu niño tiene algunos aspectos importantes que aportar y que tú necesitas para tu propia sanación.

Puedes llevar a cabo muchos viajes individuales dentro de tu Capullo y, con cada uno de ellos, éste se expandirá en algún nivel y tú hallarás una experiencia y una conexión más profundas con él. En cada viaje pasarás por un nacimiento en tu interior. El verdadero proceso de construcción de tu Capullo puede ser una experiencia profunda y llena de paz; simplemente, déjate llevar sin ningún resquemor por el proceso energético y creativo, y deja que su ilimitado flujo te lleve mientras creas.

Has de tener en cuenta que puedes ver, percibir y sentir el Capullo. No importa de qué modo lo experimentes personalmente. Puede variar en tamaño; puede ser enorme, o puede ser muy pequeño. Es tu espacio energético personal, que se expandirá de todo tipo de maneras. Es multidimensional en forma, y energéticamente ilimitado. Debido a su estructura cuatri, quinti y sextidimensional, convendrá que recuerdes que aquí es posible cualquier experiencia. La mente egoica no comprenderá ni será capaz de seguir la lógica de este espacio ni las experiencias que tengas aquí, por lo que tendrás que soltarte de verdad y dejarte llevar en la aventura de estas experiencias, a medida que te desarrolles con el Capullo. Lo que se te pide es que te sueltes y que no permitas que la mente egoica se ponga a evaluar todo lo que haces, o cómo lo estás haciendo. Suéltate y disfruta del espacio libremente. Utiliza la respiración mientras construyes el Capullo. Lleva tu consciencia a las distintas partes del Capullo mientras se va formando, y respira mientras construyes la estructura; es como respirar fuerza vital dentro de tu Capullo.

Conectando con el cuerpo

Tienes que conectar con tu cuerpo físico mientras construyes tu Capullo, pues de este modo estarás más conectado con las experiencias que tendrán lugar dentro del Capullo y podrás establecer una relación más profunda con él y con la energía que hay en su interior. Llévate las manos a la zona del pecho, siente cómo se encuentran tus manos con el pecho y haz tu Respiración Consciente.

Sigue concentrado en tu cuerpo mientras estás en el Capullo, conectado energéticamente con el corazón, de tal modo que puedas conectar y utilizar la energía del Capullo. Respira y déjate llevar, y descansa dentro del espacio de tu Capullo.

Durante tu trabajo en este espacio, es muy importante que no intentes visualizar nada, y que no intentes tampoco hacer que las cosas ocurran con la mente. Con esto bloquearías el paso a la verdadera experiencia. Te alejará de lo que realmente esté ocurriendo. La mente egoica es incapaz de trabajar dentro del espacio energético del

Capullo. Ahí no puede funcionar; de tal modo que, cuando tú intentas visualizar una experiencia, te sales de la energía del Capullo. Y, claro está, tú no querrás que la mente controle este proceso. Cuando una experiencia llegue hasta ti de forma natural, dedícale toda tu atención y respira. La energía de la experiencia se expandirá. Puedes confiar en cada uno de los pasos de tus experiencias en el Capullo; puedes confiar en la respiración y, simplemente, deja que el Capullo se construya y se conforme a cada instante.

Es importante estar presente en cada instante y utilizar la Respiración Consciente con cada experiencia. Pero se te va a pedir que te sueltes y que adoptes una actitud plenamente receptiva durante el proceso del Capullo, y que estés dispuesto a recibir en muchos niveles nuevos. Todo lo que hay dentro del espacio del Capullo es para que lo utilices contigo mismo; es un espacio exclusivo para ti, para que recibas; y, dado que estás tratando con muchos y diferentes espacios dimensionales, las posibilidades de que recibas dentro del Capullo son ilimitadas. Muchos tipos de experiencias pueden darse para ti aquí, experiencias que no tienen por qué tener sentido a nivel tridimensional, pues no olvides que tú has salido de este espacio tridimensional.

Cómo construir y activar tu capullo

Para este proceso vas a necesitar una vela. La vela puede ser de cualquier color, y debe tener al menos diez centímetros de altura. Mejor que no sea una vela aromatizada, porque cuando estás en otros espacios dimensionales tus sentidos están hipersensibilizados, y es posible que ese olor interfiera con alguna de tus experiencias. Utiliza siempre la misma vela para el Capullo, y guarda esta vela solo para tu trabajo dentro del Capullo.

El encendido de la vela tiene su importancia, pues no es otra cosa que la apertura simbólica de la energía de tu Capullo con la luz pura de la llama y la fluidez de la llama. Estos aspectos de la llama son un reflejo de algunas de las energías existentes en tu Capullo; de tal modo que, cada vez que enciendas la vela, éste responderá de manera automática. La luz de la vela se expande a través del Capullo, aportándole tamaño y energía, y la energía que te ancla al Capullo se difunde a través de las células de tu cuerpo, especialmente de las células del corazón. La energía de la vela facilita la activación de un proceso de alineamiento a través de las células de tu corazón, de tal modo que el corazón se abre y fluye con el Capullo. La vela transmite energía pura. La luz de la llama conserva la fluidez y la pureza, y estas energías juegan una parte crucial en la construcción del Capullo.

Paso 1
Siéntate en el suelo, con la vela delante de ti. Asegúrate de que hay espacio suficiente a tu alrededor, de tal modo que puedas extender los brazos completamente a ambos lados de tu cuerpo sin tropezarte con nada ni nadie. Antes de encender la vela, respira una cuantas veces y ábrete a una intención con respecto a ti mismo. Mantente abierto conscientemente para la recepción de cualquier cosa que puedas estar necesitando.

Diagrama H

Enciende la vela.

Comienza uniendo las palmas de las manos a la altura del corazón. (*Véase* Diagrama H). Pon toda la atención en las manos y haz una respiración de barrido por todas las células de tu cuerpo. Luego, devuelve tu atención/consciencia a las manos. Siente la energía que comienza a formarse entre tus manos mientras llevas la consciencia a ellas. Sentirás cómo se acumula ahí la energía, entre tus manos y a través de tu mismo centro. Y, mientras llevas tu atención a esta acumulación de energía, sentirás cómo se expande. No olvides que, con la respiración abrirás la energía aún más, en tanto llevas la consciencia a este lugar.

Poco a poco, comenzarás a percibir un núcleo concentrado de luz que empieza a formarse en tu interior, en tu propio centro, y entre las manos.

Para expandir este núcleo, lleva tu enfoque/atención allí donde las manos se encuentran y respira. Cuando hagas esto, te darás cuenta de que hay una línea de energía más profunda que se ancla de una forma aún más completa a través de ti. Éste es el comienzo del núcleo. Cada vez que lleves ahí tu energía, el núcleo se expandirá de algún modo, y quizás puedas verlo o sentirlo.

Asegúrate de estar relajado. No hay ninguna necesidad de precipitarse; puedes tomarte tu tiempo. Es tu viaje, tu momento. Tómate tiempo para estar contigo mismo y con tu experiencia.

Cuando estés preparado, pon tu atención en la llama de la vela; observa la llama y respira. La energía de la llama comenzará a abrirse en ti. Mantente con la pureza de la llama y la fluidez de la llama. Ábrete conscientemente a la luz que procede de la llama, y ábrete a recibir esta luz. Sentirás cómo la energía de la llama entra en tu núcleo, abriendo la acumulación de energía que hay entre las manos.

Ahora, concéntrate en el lugar donde las palmas de las manos entran en contacto con el corazón, y respira. El núcleo se expandirá de nuevo. Quizás sientas cómo la luz de la vela nutre tu núcleo, acumulándose en él y expandiéndolo hacia el exterior.

Tienes que repetir todo el proceso de acumulación de energía en el núcleo y de conexión con la llama tantas veces como sea necesario.

Llegará un momento en que la energía que se va acumulando entre las manos necesitará moverse.

Cuando sientas esa acumulación de presión energética comenzarás a mover las manos hacia el exterior a ambos lados, lo más lejos que alcances. (*Véase* el Diagrama I).

Diagrama I

Paso 2

Separa las manos lentamente, moviéndolas hacia los lados. Mientras haces esto, la acumulación de energía lumínica de las manos y del núcleo comienza a fluir hacia fuera con el movimiento. Así es como tu Capullo comienza a nacer. La energía lumínica se expandirá a su manera, mientras crea la forma inicial de tu Capullo energético. Sentirás que tiene vida propia, que tiene su propio patrón y forma. Simplemente, deja que la forma se expanda y se genere. Observa este proceso y respira. Suéltate y déjate llevar. Ésta es la fase inicial del nacimiento de tu Capullo a partir de la luz de tu núcleo.

Paso 3

Ahora, lleva las manos lentamente desde ambos lados hacia arriba, hasta situarlas por encima de la cabeza. Las palmas de las manos se van aproximando hasta encontrarse de nuevo por encima de la cabeza. (*Véase* el Diagrama J). Cuando hagas este movimiento sentirás que la energía del núcleo comienza a abrirse a otro nivel energético, creando los lados y la parte superior de tu Capullo. Cuando hagas este movimiento, la luz se expandirá hacia arriba y hacia fuera, abriendo la energía de tu Capullo de una forma más completa, con lo cual tu Capullo comenzará a adoptar una forma plena. Lleva la consciencia a las manos, por encima de la cabeza, y siente la energía; respira y deja que la energía se expanda.

Diagrama J

Paso 4

Mientras conectas con la energía de las manos, mientras las tienes por encima de la cabeza, ábrete a la sensación de la energía a tu alrededor, y permanece simplemente con esa sensación que percibes ahí. Cuando sientas que es el momento adecuado, baja las manos, unidas por las palmas, en línea recta, como si atravesaras tu mismo núcleo, hasta regresar a la posición inicial sobre el corazón. (*Véase* el Diagrama K).

Diagrama K

Siente la energía cuando hagas este movimiento. Cuando atravieses el núcleo con las manos, sentirás que en tu interior se da un alineamiento más profundo con tu Capullo; y cuando lleves la consciencia al núcleo central, sentirás que nace una luz aún más expandida a través de tu núcleo, extendiéndose y fortaleciéndose, fluyendo a través de tu centro.

Mientras llevas de nuevo tu consciencia al punto de encuentro de las palmas de tus manos, siente cómo el núcleo se extiende a través del centro del cuerpo, generando una expansión o un cambio dentro del mismo Capullo. El Capullo se expandirá, aumentando su profundidad y transformándose desde el centro hacia el exterior. La luz de tu núcleo se hará más radiante a medida que pulse hacia el exterior, llenando los lados y la base de tu Capullo. Puede llegar a convertirse en una intensa experiencia visual o sensorial, aunque también puede ser algo muy sutil; pero esto carece de importancia en cuanto a la efectividad de la construcción de tu Capullo. Deja que tenga vida propia y que se desarrolle como le plazca o necesite. Si tu experiencia es sutil, lleva tu consciencia a esa sutileza y respira, y ábrete a estas energías sutiles.

Conviene que, cuando completes el primer ciclo de este proceso, descanses en la energía de la forma del Capullo recién nacido. Descansa en tu corazón, sintiendo la conexión con el núcleo, abriéndote a la luz de la vela y abriéndote a la forma inicial de tu Capullo. También es importante conectar profundamente con el núcleo de tu Capullo mientras descansas. Cuando te sientas preparado para continuar, repite el proceso y suéltate, dejando que tu Capullo nazca en otro nivel. Sé consciente de que tu Capullo tiene vida propia. Tú no puedes controlar cómo se forma; y te trae exactamente lo que necesitas para tu descanso y tu rejuvenecimiento.

Cada vez que repitas un ciclo de estos movimientos, desde el corazón hasta el corazón de nuevo, tu Capullo se expandirá en muchos niveles y, con él, tú también te expandirás y cambiarás. Cuando se desarrolle y se expanda, convendrá introducir la luz de la llama de la vela en el Capullo de un modo más completo. La llama es muy importante en la transformación del Capullo; y, cada vez que te abres a ella, la fluidez de su energía se entreteje con la estructura del Capullo. La trama así formada transforma la energía en el interior de éste, construyendo y expandiendo su forma de luz. Y esta forma de luz no es más que una parte de las capas multidimensionales que generarán tu Capullo curativo.

Trabaja únicamente con la luz de la llama cuando te sientas arrastrado a la llama; no tienes por qué hacerlo todas y cada una de las veces. Has de saber que cuando las manos vuelven al corazón es cuando puedes descansar; la posición del corazón es tu lugar de descanso. Simplemente, mantente en tu núcleo hasta que sientas que ha llegado el momento de seguir construyendo más Capullo. El ritmo de construcción del Capullo depende por completo de ti.

Al término de cada viaje con el Capullo tendrás una sensación de culminación. Ahí es cuando convendrá que dejes momentáneamente la construcción del Capullo, sabiendo que todavía no está terminado, pero que de momento está completo. Las energías del Capullo se habrán expandido lo suficiente como para dar el siguiente paso. No te excedas en tus esfuerzos intentando construir el Capullo de una sola vez. Cuando sientas que tu Capullo está completo momentáneamente será cuando habrá llegado la hora de descansar dentro del Capullo. Acuéstate o siéntate en el interior de este espacio, consintiéndote un descanso profundo, soltándote y dejando que todos los niveles de tu ser absorban las energías que hay en el interior del Capullo.

Acuérdate de respirar a través de las células mientras descansas en este espacio multidimensional, porque así podrán éstas liberarse de la tensión y podrá iniciarse la regeneración celular. Una profunda metamorfosis comenzará a tener lugar en tu campo energético y en el interior de las células de tu cuerpo. Suéltate y consiéntete este profundo descanso, mientras reposas dentro del Capullo. Nota: Descansa siempre en el Capullo una vez lo hayas completado, al término de cada viaje.

Puedes reconstruir tu Capullo de la forma habitual, y en cada ocasión se transformará en otro nivel. El Capullo es una eficaz herramienta curativa para ti y, lo más importante, un lugar de descanso profundo que genera un potente proceso de rejuvenecimiento para tus células.

Conclusión

**Benditas sean todas aquellas personas que hayan leído este libro
y hayan ocupado su lugar en la Consciencia Universal
con cada iniciación**

En la actualidad, hay una enorme onda de energía de frecuencias lumínicas expandiéndose a través de vuestro planeta. Los pleyadianos están ampliando el trabajo para todos vosotros, y vosotros estáis haciendo vuestro papel. Ellos me dijeron que esta energía tendría una tremenda expansión a principios del año 2009, el año en que esta «Profecía de Autosanación» sería activada en nuestro planeta. Esta energía está acumulando impulso, como una gigantesca onda que recorriera todo el mundo en su expansión. Cada uno de vosotros está participando en esta acumulación de energía; cada uno de vosotros tiene un singular papel que jugar, a medida que vaya pasando por las iniciaciones de este libro. Estáis anclando vuestra luz en las células de vuestro cuerpo, transmitiendo automáticamente vuestra energía lumínica sobre el planeta, ocupando vuestro lugar. Os presento mis respetos por ello.

Tengo la sensación de que se me está alineando energéticamente en un nuevo nivel de trabajo para un camino completamente nuevo en el mundo, con el trabajo de Frecuencias y sustentando grandes energías de transmisión para grandes grupos de personas. Y comparto esto con vosotros porque vosotros formáis parte de eso: vuestra energía. Vuestro singular aspecto divino forma parte de la onda energética que está sustentando actualmente a nuestro planeta. La energía con la que estamos trabajando aquí en este libro es una energía intensa y profunda. Es como si un nuevo nivel de amor se hiciera accesible a la humanidad y una nueva onda de luz se hubiera anclado en el planeta.

Nada absolutamente es accidental. Cada uno de vosotros ha venido a ocupar su lugar abriéndose a las energías iniciadoras de este libro, y cada uno de vosotros está siendo sustentado y honrado por abrirse a las iniciaciones. Se supone que teníais que estar aquí, en este momento, haciendo este trabajo, y las iniciaciones nos congregan en tanto en cuanto parte de lo colectivo. Ésta es una sección de la Profecía de Autosanación: el alineamiento con la Unidad, para que podamos experimentar directamente nuestro lugar en la Unidad aquí, en este plano terrestre. Reivindicamos nuestro lugar y comenzamos a fluir juntos en una única consciencia, y juntos creamos una sorprendente fuerza lumínica.

Todos acordamos previamente que estaríamos aquí en estos tiempos, que nos encontraríamos en este nivel energético. Sí, nos podemos reunir en lo físico, pero también nos podemos reunir en el nivel energético, los planos energéticos con nuestra propia esencia anímica y nuestros propios yoes de luz.

Los pleyadianos quieren que comprendas lo importante que es que ocupes tu lugar en estos momentos, porque lo más importante es tu acción consciente, cada acción que tú emprendes a cada instante. Tu acción consciente dice: «Sí, he decidido venir aquí. He venido a ocupar mi lugar. He venido aquí para volver a nacer en la totalidad». De lo que se trata es de que des conscientemente tus pasos en este momento, de que no te dejes llevar por la deriva en tu vida; acción consciente y pensamiento consciente, diciendo: «Sí, estoy aquí. Reclamo mi lugar aquí. Ocupo mi lugar. Me recibo a mí mismo, y recibo mi iniciación, ahora. Reivindico cada una de las células de este cuerpo. Reivindico mi luz y permito que cada célula ancle mi luz. Estoy vivo».

El momento para llevar a cabo esta acción es ahora. Estar vivo es abrirse y permitir la conexión lumínica con el Yo en las células, reconociendo cada célula de tu cuerpo y diciendo *sí* conscientemente con cada respiración de cada célula. Es no consentir que el miedo del ego te detenga en modo alguno, sino vivir a través del corazón y existir en la fortaleza de la conexión de tu corazón sagrado.

Cuando vives la acción consciente de recibir tu propia fuerza vital y anclarla a través de las células de tu cuerpo te alineas con tu fuerza vital pura y con el flujo de tu luz.

Vuelvo a mi experiencia de muerte en Banneux, cuando intentaba volver a mi cuerpo, estando éste ya frío. Mi cuerpo físico había muerto. Aún puedo percibir esa terrible sensación, el *shock* de aquel momento. No solo el *shock*... la desesperación. Me quedaban muchas cosas por hacer aquí, en este plano terrestre. Mi vida había terminado, y mi cuerpo había dejado de funcionar. María vino hasta mí en aquel momento y me dijo que había llevado a cabo todo lo que me había comprometido a hacer aquí en esta vida, de modo que había llegado el momento de partir. Entonces, le dije: «No, no es así; tengo mucho que hacer aquí todavía, y tengo que volver». Ella me dijo que tendría que abrirme a un compromiso completamente nuevo en esta vida, y que tendría que crear un nuevo molde. Con el tiempo, he llegado a darme cuenta de que fue entonces cuando fui realmente capaz de comprender la importancia que tenía para mí estar aquí, vivir esta vida, y traer aquí otro nivel de mí misma. Hice otro compromiso, ciertamente otro compromiso conmigo misma en aquel momento, el compromiso de vivir más y de estar incluso aún más viva. Y pude volver a mi cuerpo. Todo en mi interior comenzó a iluminarse. Una luz pura recorrió todas mis células, y mi cuerpo volvió a la vida.

Me llevó todo un año integrar esta experiencia. Me mantuve alejada de la experiencia durante un tiempo prolongado. No me había enfrentado de verdad a la experiencia; simplemente había seguido viviendo, pero tenía que integrarla. No me había metido a explorar en profundidad la experiencia porque era demasiado para mí, para digerirla; pero era consciente de que tendría que volver a ella cuando fuera capaz de enfrentarme a su potencia. Cuando finalmente me alineé con aquel instante, pude revivir aquellas profundas emociones, mi necesidad de vivir y lo importante que era para mí estar aquí, en el planeta, ahora. Necesitaba aquella experiencia para saber de verdad lo importante que es estar aquí en el plano terrestre en estos momentos, y estoy agradecida por haber tenido la oportunidad y por habérseme otorgado la gracia de regresar aquí para continuar con mi vida. Ahora estoy mucho más anclada e incluso más comprometida con la vida aquí, de una forma consciente, novedosa, y valorando el hecho de estar viva.

Y es que es esencial que digas *sí* conscientemente al hecho de estar aquí, de estar cautiva en esta ilusión tridimensional, en la lucha, el miedo, el cansancio, en el «Es muy duro. Yo solo quiero ser feliz», toda esa cháchara del ego tridimensional. La ilusión te impide alinearte. Simplemente, rechaza esos mensajes del ego. Recuerda: tú eliges amor o miedo, a cada instante. Ábrete al amor y te abrirás a la conexión con el corazón; ábrete al miedo y te abrirás a la conexión con la mente egoica.

Se trata de una decisión de envergadura, la decisión de estar aquí, como seres humanos, viviendo en el plano terrestre en estos momentos. Es una enorme decisión y un gran privilegio que se nos permita estar aquí en estos momentos. Y es muy importante que recuerdes que fuiste tú quien decidió estar aquí: tú elegiste estar aquí todos y cada uno de los días que vives.

Pero ahora se te está pidiendo que te muevas de una manera diferente y que seas consciente de estar aquí. Sí, existen retazos tridimensionales con los que tenemos que tratar, ¡pero disponemos de una gran magnificencia! Podemos vivir a través de nuestro corazón, y permitir que una parte mayor de nosotros mismos esté aquí de un modo diferente, dispuestos a recorrer el mundo *conscientemente*, alineándonos conscientemente con nuestra magnificencia.

Ya es hora de alejarse de la agonía de la tercera dimensión. Lo cierto es que estamos representando nuestro papel aquí, pero que podemos sumergirnos en un magnificente estado de flujo y dejar que nuestra propia luz nos lleve a través de la vida. Podemos dejar de tener miedo. Cada uno de vosotros ha llegado hasta este libro para darse a luz de un modo nuevo. Habéis respondido a la llamada de vuestro destino. No se trata de una llamada tridimensional. Es la llamada del Espíritu, la verdad, el alineamiento de tu luz que te ha traído hasta este instante. Es tu verdadero Espíritu, tu verdadero Yo, el que nace a través de ti, y todo el Universo está presenciando este nacimiento.

Yo mantengo el espacio para que tú nazcas conscientemente, para que respires y dejes llegar los sentimientos.

Los sentimientos pueden estar ahí, pero no dejes que el miedo te atrape y te paralice. Reconoce la ilusión, respira, conecta con tu corazón y sigue avanzando para abrirte al amor y a la conexión con el Yo. Éste es *tu* lugar, el lugar que estás ocupando en el mundo. Tú marcas la diferencia, estando tu punto de luz conscientemente activo en el mundo. Abierto conscientemente a esta verdad, reivindica esta verdad acerca de ti mismo, y ancla y activa esto en un nivel energético en el Universo, en este planeta. Entonces, tu energía se podrá utilizar como siempre se supuso que se podría utilizar. No minimices tu lugar aquí. No minimices tu magnificencia y el anclaje de tu energía. Ninguno de nosotros es menos que nadie. Todos tenemos un lugar energético equivalente y, cuando estamos en ese espacio, podemos sustentar un aspecto de un flujo energético que marca la diferencia.

Tu mente egoica no puede marcar la diferencia con respecto a tu magnificencia. No puede hacer ni la más mínima muesca en eso porque tú estás íntegro y completo en tu energía. La diferencia estriba en si te impide el paso a ti mismo o no. Tu resplandor nunca se desvanecerá; nunca dejará de estar en su forma más completa.

La cuestión estriba en saber hasta qué punto estás dispuesto a abrazarte completamente a ti mismo en esta forma de luz, y hasta qué punto estás dispuesto a aferrarte y a utilizar esa increíble forma de luz en tu vida cotidiana. ¿Estás dispuesto a utilizar el apoyo energético que te ofrecen el Universo, las fuerzas espirituales, las energías pleyadianas y todas las energías que nos permiten ser maestros de nosotros mismos en un nuevo nivel, en el realineamiento con el Yo?

No tienes por qué tener miedo de volver al Yo. Tú sabes que el viaje aquí, en este plano terrestre, es un viaje de regreso hacia el Yo, alineándote con la luz del Yo y con tu divina singularidad. Nadie más sustenta tu energía salvo tú. Lo único que tienes que hacer es activar tu lugar a través de un deseo consciente.

Reivindica conscientemente tu lugar y reivindica tu acuerdo previo de estar aquí, en el plano terrestre, hoy. Reconoce el lugar que estás ocupando y el compromiso. Activa tu reivindicación con las palabras *Yo soy*. Estás reivindicando tu Yo en este mismo momento. Y recuerda las palabras *Hágase Tu voluntad*. Le estás hablando a tu aspecto luminoso, diciendo: «Haré tu voluntad, la voluntad de la luz del Yo». Estás aquí para reivindicar tu derecho natural de nacimiento del Yo.

Así sea.

Yo mantengo el espacio y la plataforma para que cada uno de vosotros se dé a luz. Os presento mis respetos a cada uno de vosotros por presentaros en cumplimiento de vuestro acuerdo previo. Tanto si eres consciente como si no de lo que te trajo aquí, lo cierto es que estás aquí. Te has traído hasta aquí. Y no estás solo en este glorioso viaje; se te está sustentando en el amor a cada paso. Recuerda que estamos aquí.

Sigue avanzando conscientemente hacia tu libertad.

Con todo el amor y las bendiciones,
Los Ángeles, los Seres de Luz, los Maestros y los Pleyadianos

Apéndice

Sobre el trabajo

Siento que es importante que te cuente y que te describa los dos cuerpos de trabajo que se me canalizaron hace tanto tiempo y que se ofrecen actualmente en muchos lugares del mundo.

Amanae fue el primer trabajo canalizado que anclé en el mundo. Amanae es un proceso de trabajo corporal práctico multidimensional que despeja los bloqueos emocionales en el cuerpo. Amanae abre un acceso directo para que conectes con las emociones que se conservan en tu cuerpo físico. Cuando *sientes* conscientemente esta emoción es cuando puedes abandonar tu cuerpo y cuando la sanación puede tener lugar. Con ello, el cuerpo se introduce en la sanación en muchos y diferentes niveles, dentro del cuerpo físico y del cuerpo emocional, dándose una profunda transformación espiritual a medida que la emoción sale y la luz del Yo se ancla en tus células.

Las *Frecuencias de Brillo* se canalizaron a través de mí y nacieron en el mismo instante exacto en que se canalizó Amanae. En el momento en que estos dos cuerpos de trabajo se anclaron a través mío me dijeron que los humanos no estaban preparados para este segundo cuerpo de trabajo, por lo que no debía transmitirse en el plano terrestre en aquel momento. Trece años más tarde, en 1999, me dijeron que empezara a enseñar y a iniciar a la gente en este trabajo, y que éste recibiría el nombre de Frecuencias de Brillo. Desde entonces vengo iniciando a practicantes y a maestros en este trabajo, que ha sido mi principal cometido en este plano terrestre en todo este tiempo.

¿En qué consiste este trabajo?

Frecuencias de Brillo es un trabajo cuatri, quinti y sextidimensional, que genera una poderosa energía curativa multidimensional muy por encima y más allá de lo que puede proporcionar este plano terrestre tridimensional.

Esta energía permite que tenga lugar una avanzada sanación física y emocional en cada persona, debido a que procede de niveles dimensionales superiores. Pero otro papel importante de este trabajo es el de generar diversos despertares espirituales acelerados a través de iniciaciones de luz. Estas potentes iniciaciones están diseñadas para trabajar singularmente en cada persona, sea cual sea el nivel en el que se encuentre en ese momento, proporcionándole profundas experiencias personales directas de los reinos espirituales y de los pleyadianos. Este trabajo te alinea con nuevos aspectos de tu Yo luminoso y ancla esta luz en las células de tu cuerpo para tu despertar.

Los pleyadianos han diseñado una serie de iniciaciones de luz pensadas para despertar al ser humano, a fin de que se alinee con el Yo Espiritual. Ellos utilizan las formas geométricas sagradas para algunas de las iniciaciones, y trabajan contigo dentro de los espacios de Puertas Estelares para el resto de iniciaciones de nivel superior.

De muchas de las sanaciones relacionadas con las Frecuencias de Brillo se ha dicho que son milagrosas, pero la verdad es que son simples sanaciones que se hacen posibles cuando se asocian con los espacios cuatri, quinti y sextidimensionales. Estas energías se conectan con los niveles superiores del Yo de la persona que recibe el trabajo, permitiendo así que tenga lugar una profunda sanación. Se trata de un trabajo curativo vanguardista, que puede acelerar los procesos de sanación a nivel físico y emocional, y que lleva a la persona en el sendero espiritual hacia un despertar acelerado.

Los pleyadianos son verdaderamente sorprendentes en cuanto al modo en que canalizaron a través de mí estos diferentes procesos, unos procesos que son sumamente dinámicos y poderosos. Y aún más remarcable resulta el hecho de que todos estos procesos sean capaces de evitar a la mente egoica, lo cual los hace increíblemente útiles para nosotros, los seres humanos.

Cómo aprender el trabajo

El trabajo de la Fase I de Frecuencias de Brillo es un proceso de entrenamiento e iniciación de trece a catorce días de duración. Estas iniciaciones se basan en el alineamiento con los niveles superiores de los aspectos del Yo a través de una serie de realineamientos con el uso de las formas geométricas sagradas, que activan y abren otros espacios dimensionales, para luego trabajar dentro de estos espacios con la ayuda de los pleyadianos y de las fuerzas espirituales. Los pleyadianos y las energías espirituales ayudan en las iniciaciones a lo largo de todo el proceso de formación, mientras desarrollas tu propia relación personal con los pleyadianos y profundizas tu conexión y tu consciencia consciente con los reinos espirituales. Mientras realizas este trabajo te expandes con cada nuevo alineamiento contigo mismo.

El proceso de la Fase I te prepara para que te conviertas en practicante de las Frecuencias de Brillo. Esta serie de iniciaciones es extremadamente potente y profundamente transformadora. Aunque hay muchas personas que llevan a cabo este entrenamiento para convertirse en practicantes del trabajo, otras realizan el entrenamiento por las meras iniciaciones en sí.

Yo sigo canalizando nuevos niveles del trabajo, por lo que actualmente tienes a tu disposición doce fases de él. Habiendo trabajado ampliamente con grupos de personas durante los últimos quince años, he podido ver los profundos cambios que tienen lugar dentro de cada persona con la ayuda de estos procesos de iniciación. Este trabajo ha evolucionado y se ha ampliado, en la medida en que he podido expandirme en mi interior.

Además de trabajar con alumnos y profesores en los procesos de Frecuencias de Brillo, estoy trabajando también con grupos grandes de personas en lo que se denominan Transmisiones y Eventos Pleyadianos.

¿Qué son las transmisiones?

Las Transmisiones son sesiones energéticas que canalizan los pleyadianos, que se llevan a cabo en diferentes puntos del mundo y que están abiertas al público en general. Normalmente, duran una hora y media. Las Transmisiones comienzan con un diálogo canalizado de los pleyadianos, de tal modo que cada Transmisión suele ocuparse de un tema y es completamente diferente de las demás. Estas Transmisiones crean transformaciones curativas y energéticas, iniciándote en un nivel superior de tu propia luz. Son enormemente transformadoras, permitiéndote dar un paso tras otro hacia tu Yo. En ellas se transmite luz curativa a grandes grupos de personas, de tal modo que todo el mundo en la zona recibe estas energías de luz. Estas transmisiones de luz te dan acceso a diversas iniciaciones, iniciaciones del Yo a través de tus células. Esto da lugar a la sanación en el cuerpo físico y el cuerpo emocional, y genera nuevos niveles de despertar espiritual para cada persona.

¿Qué son los seminarios pleyadianos?

El trabajo más reciente que los pleyadianos están abriendo para nosotros es el de un seminario pleyadiano de tres días, una iniciación abierta al público en general. Estos eventos se nos ofrecen ahora para que podamos recibir más niveles de la Profecía de Autosanación. Se trata de un potente proceso de iniciación con los pleyadianos, trabajando en diferentes espacios dimensionales, aprendiendo a navegar por ellos y trabajando en el interior de la Cámara de la Puerta Estelar con la ayuda de los pleyadianos. En estos seminarios entras en contacto directo con los pleyadianos, estableciendo una relación personal con ellos durante los tres días para, luego, seguir trabajando con ellos en tu vida cotidiana. Aquí trabajarás dentro de los espacios cuatri, quinti y sextidimensionales. Yo canalizaré el material y las energías pleyadianas, ofreciendo información y diálogo canalizado a lo largo del seminario. Tendrás la oportunidad de hacer preguntas directamente a los pleyadianos durante estos encuentros.

Pero la experiencia resulta aún más poderosa si se viene en grupo. Cuanto mayor sea el número de personas a las que se proporcione acceso, más acelerado será el despertar en cada persona.

Se activará un vórtice cristalino para que experimentes con él, lo cual facilitará a los pleyadianos el trabajo contigo. También te permitirá alinearte con más facilidad con los diferentes espacios dimensionales que se abrirán. Una de mis tareas consiste en marcar los espacios dimensionales dentro del vórtice para que te inicies en ellos y comiences a navegar por ti mismo.

Cualquier tipo de energía de los reinos espirituales puede venir a ayudar en estos encuentros debido a las magníficas energías que se ponen en marcha en las iniciaciones, que permiten que Ángeles, Seres de Luz y Maestros puedan acceder al espacio de trabajo para ayudarte en tus transformaciones.

Tenéis que saber que existe un lugar para cada una de las personas que deciden venir a estos seminarios para dar sus próximos pasos. Espero que todos los que habéis sido llamados forméis parte de esta experiencia.

Para más información acerca del trabajo, de practicantes en tu país o en tu zona, fechas de eventos y otras preguntas véase mi página web (www.frequenciesofbrilliance.com).

Índice analítico

Abundancia económica, 128
Abundancia emocional, 128
activación consciente, 148
adecuadamente equilibrada, 80
alma, 16, 25, 61, 134
    familia del, 134
    grupos anímicos, 25
Amanae, 12
amor
    Abundancia emocional de, 128
    frecuencia de, 14, 122
anclar la base, 12
ángeles, 15, 42, 43, 45, 180, 185
autorrealización, 15, 67, 108
autosabotaje, 22
Autosanación, Profecía de, 58, 59, 60, 61, 62, 79, 145, 148, 175, 176, 184
base
    adecuadamente equilibrada, 80
    anclar la, 84
Cámara de la Puerta Estelar, 121, 122, 123, 125, 126, 184
Capullo, 163, 164, 165, 166, 167, 168, 170, 171, 172, 173, 174
carencia, 24, 63, 108, 127, 147
células, 14, 21, 29, 30, 47, 48, 59, 70, 71, 72, 73, 77, 78, 79, 80, 81, 82, 83, 84, 86, 89, 90, 91, 92, 93, 94, 97, 98, 99, 103, 107, 108, 109, 112, 115, 122, 124, 125, 126, 128, 129, 132, 133, 136, 140, 141, 142, 143, 144, 145, 147, 148, 149, 151, 152, 153, 154, 155, 156, 157, 158, 159, 160, 163, 164, 168, 169, 174, 175, 176, 177, 181, 182, 184
células, trabajando con las, 157
columna de luz, 89
conectar con el, 114, 147
conexión con el corazón, 12, 63, 64, 66, 68, 134, 140, 178
conexión con tu niño, 51, 165
confianza, 17, 30, 33, 34, 55, 81, 105, 106, 121, 136
consciencia, 12, 13, 14, 21, 25, 35, 36, 39, 47, 48, 49, 58, 60, 66, 67, 78, 83, 84, 85, 87, 88, 90, 91, 93, 94, 99, 101, 106, 116, 121, 124, 129, 132, 134, 139, 141, 142, 146, 148, 149, 151, 152, 154, 157, 158, 159, 160, 166, 169, 171, 172, 173, 176, 183
    cuatridimensional, 12, 13
    quintidimensional, 12, 13, 57
    tridimensional, 12, 13, 22, 24, 63, 67, 84, 86, 90, 101, 103, 106, 108,

114, 122, 125, 127, 131, 133, 140, 147, 167, 178, 182

Consciencia colectiva, 58, 109, 145, 147, 148, 149

Consciencia universal, 12, 13, 14, 15, 18, 21, 27, 50, 52, 60, 61, 63, 65, 78, 97, 103, 107, 117, 132, 143, 148, 149, 175

corazón, cómo cultivar el músculo del, 65, 66

Corazón Sagrado, 12, 15, 18, 48, 61, 128, 129, 130, 132, 134, 137, 140

cuerpo
  La sanación de zonas concretas de tu, 159

dolor, 21, 22, 27, 28, 29, 32, 37, 41, 42, 43, 44, 52, 53, 54, 56, 59, 64, 70, 71, 73, 74, 113, 115, 116, 118, 130, 131, 136, 153, 154, 156, 159
  cómo trabajar con el, 116

Economía Divina, 24, 100, 115

energéticas, herramientas, 93, 123

energía de la espiral sagrada, 91

energías espirituales, 12, 14, 15, 33, 61, 124, 183

espiral sagrada, 91

familias de alma, 16, 25

física, salud, 11, 128

flujo, 29, 63, 65, 68, 74, 75, 82, 91, 98, 105, 106, 107, 108, 109, 110, 119, 130, 133, 134, 135, 136, 140, 143, 151, 164, 165, 177, 178, 179

formación
  Detección de problemas y desarrollo de soluciones, 93
  Qué es una formación, 77

Frecuencias de Brillo, 9, 38, 181, 182, 183

Hágase Tu voluntad, 68, 105, 106, 108, 179

herramientas energéticas, 93, 123

iniciación pleyadiana, 57, 191

introspección, 117

ira, 9

Jesús, 11, 22, 23, 37, 114

justificar tus sentimientos, 113

la luz del Yo, 18, 63, 64, 65, 68, 77, 106, 108, 119, 128, 129, 130, 158, 179, 181

luz, 3, 5, 6, 11, 12, 13, 14, 15, 16, 17, 18, 24, 25, 29, 31, 34, 35, 36, 37, 40, 41, 46, 47, 48, 49, 57, 60, 63, 64, 65, 66, 68, 71, 75, 77, 78, 79, 80, 82, 83, 86, 88, 89, 90, 91, 92, 93, 94, 97, 98, 100, 102, 105, 106, 107, 108, 109, 119, 121, 122, 123, 124, 125, 126, 128, 129, 130, 132, 140, 143, 146, 149, 152, 155, 158, 163, 167, 168, 169, 170, 171, 172, 173, 175, 176, 177, 178, 179, 180, 181, 182, 184

columna de, 89

océano de, 109

luz, seres de, 11, 24, 124

Mal-estar, 153

meditación, 29, 81

músculo del corazón, 65, 66

niño interior, 51, 52, 53, 55, 165

niño/niña interior
  resucitar al, 54
  establecer una conexión, 55

océano de luz, 109

partes infantiles de mí mismo, resucitadas, 43, 44, 45, 54, 56

pasado, tu, 22

perdón del Yo, 111

permitirte, 112, 139
Pertenecer al Todo, 145
Pirámide Sagrada, 88, 139, 140, 141, 142, 143
    energías de la, 139
planeta, resurrección de, 14
pleyadiana, iniciación, 57, 191
pleyadianos, viaje con los, 11
preguntas correctas, formularte las, 117
preguntas, no estás solo con tus, 21
Profecía de Autosanación, 58, 59, 60, 61, 62, 79, 145, 148, 175, 176, 184
Puerta Estelar, 121, 122, 123, 124, 125, 126, 164, 184
Puerta Estelar, Cámara de la, 121, 122, 123, 125, 126, 184
red universal, 97, 98, 99, 103, 122, 126, 145, 146, 147, 148
Respiración Consciente, 67, 71, 81, 112, 113, 142, 154, 158, 159, 160, 166, 167
resucitar al niño, 54
resurrección del Yo, 111
sanación a través de las células, 152
sanación física del cuerpo, 72, 109, 151, 152, 156, 182
sanador, 15, 18
seminario pleyadiano, 184
seminarios pleyadianos, 184
solo y separado, 12
soltarse, 74, 105
trabajando con el niño o la niña interior, 51, 191
trabajar con el dolor, cómo, 116
trabajo con el Capullo, el, 163
trabajo corporal, 181
trabajo de Formación, 77, 79
Transmisiones, 183, 184

tridimensional, consciencia, 12, 13
Unidad, 13, 14, 21, 36, 49, 52, 58, 59, 61, 62, 82, 97, 98, 100, 107, 109, 122, 124, 125, 140, 143, 145, 152, 157, 176
Universal, Consciencia, 12, 13, 14, 15, 18, 21, 27, 50, 52, 60, 61, 63, 65, 78, 97, 103, 107, 117, 132, 143, 148, 149, 175
Verdad universal, 135
vértice, 87
viaje con los pleyadianos, 11
vida, 10, 11, 12, 13, 14, 17, 18, 19, 21, 22, 23, 24, 25, 26, 27, 28, 29, 30, 31, 33, 34, 35, 36, 37, 38, 39, 40, 42, 43, 44, 46, 47, 49, 50, 51, 52, 53, 54, 56, 59, 60, 61, 63, 65, 66, 67, 68, 70, 71, 72, 73, 74, 75, 78, 84, 90, 97, 98, 100, 101, 102, 103, 105, 107, 108, 109, 110, 111, 114, 116, 117, 118, 119, 123, 124, 127, 128, 129, 130, 131, 132, 133, 134, 135, 136, 137, 140, 142, 144, 146, 147, 148, 149, 156, 157, 158, 160, 165, 170, 173, 176, 177, 178, 179, 184
    reestructura tu, 135
Virgen María, 11, 39, 40, 41, 43, 45, 47, 49
volver a nacer en la totalidad, 21, 176
Yo Divino, 105
Yo, la luz del, 18, 63, 64, 65, 68, 77, 106, 108, 119, 128, 129, 130, 158, 179, 181
Yo, perdón del, 111
Yo, resurrección del, 111
yo soy, 23, 36

Índice

Agradecimientos...................................... 9

Prefacio... 11

Introducción... 21

Mi historia 27

Trabajando con el niño o la niña interior................. 51

La iniciación pleyadiana 57

Capítulo 1: Conectando con el corazón 63

Capítulo 2: Soltar................................... 69

Capítulo 3: El trabajo de Formación..................... 77

Capítulo 4: Yo soy 97

Capítulo 5: Hágase Tu voluntad 105

Capítulo 6: El perdón del Yo, la resurrección del Yo 111

Capítulo 7: Viaje con los pleyadianos, dentro de la Cámara
         de la Puerta Estelar.......................... 121

Capítulo 8: Manifestarse a través del Corazón Sagrado 127

Capítulo 9: Expandiendo tu iniciación en la energía
         de la Pirámide Sagrada dentro de la Formación.. 139

Capítulo 10: Pertenecer al Todo, a la Unidad 145

Capítulo 11: La sanación física a través de las células........ 151

Capítulo 12: El trabajo con el Capullo 163

Conclusión 175

Apéndice: Sobre el trabajo............................. 181

Índice analítico 187